JONAS

Jacques Chessex est né en 1934 à Payerne (Suisse), dans la Broye, un pays de plaine qui fait suite au plateau vaudois, où son père (qui se suicidera en 1956) enseignait le latin et l'histoire. Lui-même devient professeur de lettres au Gymnase de Lausanne.
*Grand admirateur de Flaubert et de Maupassant, Jacques Chessex a débuté avec des poèmes (*Batailles dans l'air, *1959;* L'Ouvert obscur, *1967, etc.) et des récits, notamment* La Confession du pasteur Burg *(1967) qui a fait scandale.*
Jacques Chessex a également écrit des romans : L'Ogre *(1973), Prix Goncourt,* L'Ardent royaume *(1975),* Les Yeux jaunes *(1979),* Judas le transparent *(1982), des nouvelles et des contes.*

Pourquoi, vingt ans après, Jonas est-il revenu à Fribourg? Ecrivain reconnu mais aujourd'hui tari, marchand de tableaux avisé mais fatigué de son commerce, Jonas va de bar en bar, de verre en verre, poursuivi par les souvenirs, ses longues conversations avec le maître qui lui fit découvrir et aimer la philosophie, ou encore avec celui qui lui enseignait Dieu... Jusqu'à ce que le passé l'assaille. Il retrouve l'amie abandonnée à l'issue des examens. Elle n'a guère changé mais porte un terrible secret : il lui est né un fils de Jonas, qui ressemblait tellement à son père qu'il a fait les mêmes études, dans le même collège avec, peut-être, les mêmes maîtres. Mais l'adolescent est mort.
Plusieurs jours durant, Jonas, comme son antique homonyme, va dériver dans cette ville matrice, étrange retour aux sources.
Un livre chaleureux et sensuel, mais encore âpre et violent, intelligent : un livre de métaphysicien du roman.

DU MÊME AUTEUR

Poésie :

LE JOUR PROCHE, Aux Miroirs partagés, 1954.
UNE VOIX LA NUIT, dessins de J. Berger, Mermod, 1957.
BATAILLES DANS L'AIR, dessins de J. Bazaine, Mermod, 1959.
LE JEÛNE DE HUIT NUITS, Payot, 1966.
L'OUVERT OBSCUR, L'Âge d'Homme, 1967.
ÉLÉGIE SOLEIL DU REGRET, Bertil Galland, 1976.
LE CALVINISTE, Grasset, 1983.
COMME L'OS, Grasset, 1988.

Récits et romans :

LA TÊTE OUVERTE, Gallimard, 1962.
LA CONFESSION DU PASTEUR BURG, Bourgois, 1967, et Poche suisse, n° 13.
CARABAS, Grasset, 1971.
L'OGRE, Grasset, Prix Goncourt 1973, et Le Livre de Poche, n° 4222.
L'ARDENT ROYAUME, Grasset, 1975, et Le Livre de Poche, n° 5355.
LES YEUX JAUNES, Grasset, 1979, et Le Livre de Poche, n° 5881.
JUDAS LE TRANSPARENT, Grasset, 1982.
JONAS, Grasset, 1987.

Nouvelles :

LE SÉJOUR DES MORTS, Grasset, 1977.
OÙ VONT MOURIR LES OISEAUX, Grasset, 1980.

Contes :

LE RENARD QUI DISAIT NON À LA LUNE, ill. de D. Bour, Grasset, 1974.
MARIE ET LE CHAT SAUVAGE, illustrations de D. Bour, Grasset, 1979.

Essais :

CHARLES-ALBERT CINGRIA, « Poètes d'aujourd'hui », Seghers, 1967.
PORTRAIT DES VAUDOIS, 1969, nouvelle édition à L'Aire, 1982.
LES SAINTES ÉCRITURES, Bertil Galland, 1972, et Poche suisse, n° 41.
LES DESSINS D'ÉTIENNE DELESSERT, Bertil Galland, 1974.
BRÉVIAIRE, Bertil Galland, 1976.
JÉRÔME GARCIN : ENTRETIENS AVEC JACQUES CHESSEX, La Différence, 1979.
MAUPASSANT ET LES AUTRES, Ramsay, 1981.

JACQUES CHESSEX

Jonas

ROMAN

GRASSET

à Francesca

Alors l'Eternel ordonna au poisson de rejeter Jonas sur la terre.

Jon., II, 11.

I

Les limaces du cardinal Journet

Je m'appelle Jonas Carex. J'ai cinquante ans. Je suis divorcé d'une femme intelligente, fille de médecin, qui s'est remariée avec un médecin. Tout est bien. J'ai deux fils, un ingénieur et un chercheur en biologie. Ils sont heureux et beaux. Tout est encore mieux. Je ne les vois plus.

J'ai gagné assez bien ma vie dans le commerce des tableaux. N'en parlons plus. J'ai aimé, palpé, j'ai recherché tant de tableaux dans ma vie, et de gravures, de dessins, d'estampes et de sculptures – sans compter les pièces d'art nègre et polynésien, et les innombrables peintures sur bois que l'on m'a proposées pendant vingt-cinq ans –, que j'en suis dégoûté à jamais. A l'heure qu'il est je puis passer devant la boutique d'un ancien confrère, dans n'importe quelle ville de Suisse ou d'Europe, sans même tourner mon regard vers les pièces qu'elle nous offre. Je ne vais plus aux vernissages ni aux expositions. Je jette sans les ouvrir les invitations et les catalogues des galeries, et, au cours des années, j'ai débarrassé ma bibliothèque des livres d'art qu'elle contenait. Voilà qui est dit.

Notez que c'était cette profession mal définie de marchand d'art qui me laissait le temps d'écrire mes livres. Je voyais un ou deux clients par jour, jamais très longtemps, je faisais quelques courts voyages, et le reste appartenait à l'écriture. C'est ainsi que j'allai signer un roman en compagnie de Lucien Bonard à Berne. Je travaillais lentement et méthodiquement, peu inquiet, une fois que j'avais défini la ligne et le tour du livre, d'y modifier quoi que ce fût. Mes amis voyaient là une espèce de monstruosité, eux qui tâtonnaient, détruisaient, interrompaient l'élan vingt fois (et c'est peu dire) en cours d'exercice. Non que je fusse un énergumène de l'écriture! Mais j'avais confiance. Je sentais une force m'envahir, dès les premières pages du manuscrit, une vigueur calme qui m'habitait toutes les semaines (parfois les mois) que je passais dans ce chantier. J'ai souvent comparé, dans mes rêveries, l'écriture à la prière. L'une et l'autre s'exercent sous le signe de la transcendance. Il n'y a pas d'écriture *à plat*. Il n'y a pas de prière, même la plus maladroite ou la plus fragmentaire, qui n'élève celui qui prie au-dessus de lui-même. Il existe, chez les plus grands, des écritures timorées, prudentes, rétractiles, et comme rongées de l'intérieur par la mauvaise honte et l'horreur que s'inspire l'écrivain lui-même. Il existe une honte semblable chez celui qui prie, qui se sent indigne de ses vœux, et surtout de la transcendance à laquelle il les adresse. *Indignus sum qui orem...* J'ai connu des gens qui ne priaient plus parce qu'ils mesuraient leur mensonge à mesure qu'ils invoquaient Dieu. Et des écrivains qui n'écrivaient plus parce qu'ils étaient harassés par la vanité (ou par ce qu'ils croyaient telle) de leur propos. L'alcool, les amphétamines, l'épuisement dans le sexe des femmes, rien n'y faisait. Moi j'œuvrais sans drame, rassuré par une excellente santé et par les bénéfices croissants que m'assurait mon commerce. « Va avec la force que tu as... » Je me répétais souvent cette parole du Dieu des armées à son enfant désespéré, elle me tenait largement lieu d'excitants, de drogues et de femmes.

Curieux nom, celui de Jonas. Mais il faut savoir qu'au pied du Jura, où je suis né, les familles réformées donnaient souvent à leurs fils des prénoms de rois, de notables de la Bible ou de prophètes. J'ai eu des grands-pères, des arrière-grands-pères, des oncles et des cousins qui s'appelaient Josué, David, Elias, Jonathan, Abraham ou même Moïse. Comme chez les Américains mythiques. Mon père se prénommait Jérémie. Dans son enfance encore, son propre père, après le souper, sortait la bible du placard (on l'y mettait à l'abri de la fumée de la cuisinière à bois et de la graisse de saindoux) et l'homme lisait quelques versets qu'il commentait. On priait. On récitait le Notre-Père. Puis on allait se glisser dans les draps glacés des chambres non chauffées des fermes du Jura. Mes parents étaient de riches paysans. Ils ont mis Jonas au collège, où il a tant bien que mal appris le latin, puis il a été envoyé à Fribourg : Saint-Michel, un établissement fondé au XVIe siècle par saint Canisius. A Saint-Michel l'enseignement est placé *sub specie aeternitatis.* Des affichettes jaunies comme des ex-voto le rappellent à la paroi de chaque classe, et elles impressionnèrent fortement le petit protestant que j'étais quand je suis entré pour la première fois dans la Maison.

Je n'étais pas vierge quand je suis arrivé à Fribourg. Mes parents avaient vendu le domaine et acheté un vaste commerce d'horticulture à Pully, au bord de ce Léman qui m'a immédiatement conquis. Nous eûmes très tôt une belle villa, trois voitures, des amis commerçants et politiciens de quartier, qui me cassaient la tête à chacune de leurs apparitions. Mon père devait être franc-maçon, je n'en sais rien et ça m'est égal, en tout cas il changeait rapidement de style, il s'était mis à porter des costumes faits sur mesure, des cravates de soie et des lunettes à monture d'or. Bref, ma famille avait très vite évolué de la simplicité jurassienne presque immobile aux mondanités comiques et un peu tristes à observer. Sarah, ma mère, conduisait l'une des voitures, une longue Lancia bleu-vert, mon père la grosse Oldsmobile d'après-guerre qui balançait comme un bateau dans les orages lémaniques. Moi je fuyais à la plage, sur la rive presque déserte, je rôdais au jardin que j'aimais, je me baladais avec Hélène que je ne pouvais voir, ou toucher, ou scruter jusqu'au fond des yeux, sans que mon cœur se crispe et que le sang de tout mon corps se mette à battre.

Je me nomme Jonas Carex, c'est la mi-novembre et je suis couché sur un divan, au fond de cette pièce que j'appelle ma chambre. La lumière de l'après-midi poudroie sur le grand jardin. A vrai dire, de ma place, je ne le vois pas, ce jardin, ni les arbres, ni le soleil qui doit atteindre l'extrémité du Léman à cette heure-ci. Mais je les connais si bien que je puis retrouver le lieu de chaque arbre, de chaque fleur rouillée par les pluies d'octobre, l'herbe qui a jauni, la petite route, l'eau qui scintille à deux cents mètres entre les anciennes demeures de la rive.

J'aime ce jardin. A l'entrée il y a un peuplier plein d'air, un tulipier qui fleurit chaque printemps, des sapins bleus, des buissons de noisetiers. La terrasse de gravier domine légèrement le pré planté d'arbres fruitiers, souvent je m'assieds à la table verte, sous le cerisier, pour dessiner et pour peindre, je me promène d'arbre en arbre, je fais des photographies. Une longue haie de laurelles protège le jardin du chemin d'accès. J'aime cette haie verte et luisante à travers l'hiver. J'aime le vent de la rive, le choc des vagues à l'aube contre la digue encore stupide de sommeil. J'aime les roses en grappes rouges à la façade sud de la maison.

J'aime profondément cette maison. Elle a été

construite en 1920, solide, durable. Seigneur, c'était avant la crise! Douze pièces. Un grand salon à cheminée et bow-window, une salle à manger lumineuse, le hall bien ouvert, les chambres de mes parents et de ma sœur; des chambres d'hôte; un galetas sous des solives craquantes de soleil, le sous-sol creusé et maçonné dans les alluvions millénaires du Rhône-Léman, et la pièce où je réfléchis en ce moment à ces choses.

C'est curieux, une maison, elle vous piège, elle vous envoûte, elle vous possède et vous garde. Coquille, vêtement, armure et piège, j'y reviens, vous croyez l'habiter pour un temps, c'est elle qui vous tiendra peut-être toute votre vie.

Je me souviens, et je me raconte mon histoire. 1951 : en ce temps-là, les parents de Jonas avaient décidé de se séparer de lui et de l'envoyer sous d'autres cieux finir ses classes. Jonas avait été heureux dans la maison du bord du lac, mais la maison des parents de Jonas résonnait toute la sainte journée de cris et de gémissements de discorde. La rose et la figue abondaient au jardin, les tableaux et les meubles étaient beaux au salon, mais le doute et la mésentente avaient foré leurs ravines dans les murs. Jonas Carex se répétait souvent les paroles du fils de David :

Un morceau de pain sec, avec la paix,
Vaut mieux qu'une maison pleine de viande et de
[querelles.

Et il arrivait à Jonas de regretter de n'être pas né dans un bordel ou dans un camp de concentration, où il aurait au moins ressenti la complicité des siens.

Novembre 1951, une semaine de vacances, il est quatre heures de l'après-midi. Je me lève, je vais à la fenêtre, je vois le soleil sur le jardin. Moutonnement des laurelles, des cerisiers, des pommiers presque dénudés qui luisent dans la lumière dorée. Ici et là, image revenue de l'enfance, des fruits oubliés aux branches noires ont d'étranges apparences de boules de Noël au soleil de miel. Plus loin le lac, gris comme par un après-midi d'été, mais aujourd'hui l'eau brille entre les arbres jaunes et les belles demeures de la rive, derrière des haies, des bosquets roussis. Encore plus loin, les montagnes de Savoie ont perdu leur poids bleu d'octobre, elles flottent, maintenant, elles ouvrent sans fin le paysage, on essaie d'imaginer l'ombre qui commence à monter au flanc des pentes boisées et des rochers.

Jonas referme la fenêtre, il traverse la pièce, il revient se coucher sur le divan et tire sur lui la couverture encore épaisse de sa sieste. Le divan. La sieste. La laine. Il semble à Jonas qu'il n'a jamais quitté ces pièges très bons, très calmes, où se laisser porter par une rêverie qui ressemble à un sommeil intermittent, peuplé de corps et de visages rayonnants. Aucune tristesse, l'engluement, plutôt, une attente vague, la paresse pour éviter de souffrir. Rien ne presse plus. J'ai grandi dans le camp des forts, je suis devenu fort, puis je me suis vu, j'ai regardé mes semblables et j'ai tenté de détourner ma face de la laideur et de la haine.

J'ai passé mon adolescence dans un jardin dont j'ai été expulsé. Je cueillais des fruits que je mangeais, j'écoutais le chant des oiseaux (l'appel de la mésange, le peuplier hanté par la braise rapide des rouges-gorges), je vénérais le cri de la chouette qui revenait à l'aube dans mes rêves. Quand la cendre de la lune enveloppe le verger dans son linceul. Quand la maison bénéfique dort dans les feuillages. Temps arrêté. A peine si quelque dormeur, avec une inquiétude passagère, entend parfois la modulation de la chouette couler dans la nappe de ses songes, et c'est un appel apaisé, gage de la ressemblance heureuse des règnes. On sait déjà qui c'est, le dormeur.

Ayant été chassé du ventre de sa mère, Jonas put croire, bien à tort, qu'il allait retrouver un autre royaume. Ainsi travaille l'erreur dans son imagination. En attendant de perdre ce qui lui a tenu lieu de certitude pendant la première partie de sa vie, Jonas écoute les bruits de la demeure qui se réveille, un robinet qu'on ouvre, une porte, un pas furtif dans le couloir, le bruit des ciseaux reposés sur la table à coudre par une main nerveuse. Des bruits qui lui seront redemandables toute sa vie, et peut-être au fond de sa mort.

Hier j'ai fait l'amour avec Hélène pour la première fois. Hélène a un an de plus que moi. C'est une grande fille aux cheveux noirs, aux yeux noirs, rieuse, intelligente. Elle dessine, elle sculpte, elle peint, mais bien mieux que moi, avec plus de sûreté. Les Beaux-Arts, évidemment. Son père est juge informateur. Elle habite avec ses parents le premier étage du Restaurant de la Plage. Cet été, plusieurs fois, j'ai voulu la rattraper à la nage, impossible, elle crawlait à trente mètres de moi, elle prenait sans cesse de l'avance, je m'essoufflais, j'avais bonne mine avec ma petite brasse. Hélène était vierge jusqu'à hier après-midi. Cela fait six mois que nous nous voyons presque chaque jour. Je me rappelle au détail près comment nous sommes devenus amis. Car j'aime Hélène, je l'admire, j'ai besoin d'elle et de sa force.

Hier mon père a tenté de se suicider. Quand je suis rentré, l'ambulance stationnait sur la terrasse devant le garage ouvert, le médecin se tenait immobile, deux infirmiers portaient mon père sur une civière. Mon père paraissait endormi, on lui avait enlevé ses lunettes, sa langue sortait de sa bouche, sa figure avait une teinte jaune et plombée et je ne l'entendais pas respirer. A propos des lunettes de mon père : je me demande s'il les avait gardées sur le nez pour se tuer. Ou pour tenter de se tuer. Porte-t-on ses lunettes pour nager, pour forniquer, pour mourir? Question futile apparemment, à laquelle il faudra pourtant que je réponde quand je serai vieux.

C'est ma sœur qui l'a découvert sous l'Oldsmobile. Tuyau d'arrosage dans la bouche, branché sur les gaz d'échappement. Le médecin dit qu'il s'en sortira peut-être, vu sa résistance cardiaque, mais moi ça me fait trembler et pleurer, et c'est une curieuse rencontre avec l'histoire d'Hélène.

Le soir on n'a pas prononcé un mot, on a mangé dans le petit hall, du jambon, des frites croquantes et de la salade, puis chacun est monté dans sa chambre en évitant de regarder les deux autres. A neuf heures je suis redescendu et j'ai téléphoné à Hélène. Elle m'a proposé de la rejoindre sur le môle de Paudex. J'y suis allé, on a fait l'amour malgré le vent froid qui s'était levé, c'était mieux réussi que l'après-midi. Je suis revenu par le chemin herbeux, le long du rivage où l'eau se brise avec fracas.

Avant de faire l'amour on a essayé pas mal d'autres choses Hélène et moi. D'abord, bien sûr, on a eu l'été pour nous. C'est une autre affaire en été. On avait les cabines de la plage, les bateaux de location, les bancs de sable cachés par les roseaux et les saules. Il me semble, à y penser, que j'ai le dos encore râpé de sable et la chemise pleine de cailloux à force de m'être roulé dans les criques.

Voici comment je l'ai rencontrée. Un beau matin j'étais couché sur le solarium bétonné de Pully-Plage, je faisais semblant de lire en sirotant un Coca tiède. Je me rappelle que je portais un slip de bain qui me serrait trop, le bleu, en coton trop tendu, je n'arrêtais pas de me tourner et de me retourner sur le béton brûlant du solarium en me demandant ce que je pouvais bien faire dans cette chaudière au lieu d'aller plonger dans la belle eau. Poisson! Oui, mais la Paresse doit être mon signe ascendant, tu le sais ô mon Créateur, et je restais paralysé sur mon perchoir par la triple et confuse envie de dormir, de nager et de me lancer dans une entreprise qui me tirerait de cet été encore plus plat que les autres.

J'en étais à ces débats embarrassés quand la porte d'une cabine a claqué derrière moi, et j'ai entendu un bruit de pieds nus qui martelaient tendrement et fermement le sol du couloir en pleine lumière. Il faut dire que les cabines longent le solarium, et que le moindre bruit de fermeture Eclair ou d'agrafe qu'on ouvre se repère immédiatement sur le balcon. Merveille, il était tôt, j'étais seul, le bruit de ce pas ne résonnait que pour moi. C'était un bruit féminin. Il y a des bruits d'homme et des bruits de femme. Le bruit féminin est plus profond, et en surface comme arrondi. Il est travaillé intuitivement, sculpté instinctivement dans une matière humide et chaude où l'oreille se perd. Le bruit féminin me fait entrer au labyrinthe : dans des méandres, des plis nocturnes, des ruisseaux d'ombre touchable et durable. C'est un bruit qui me fait penser au choc d'une outre, d'une amphore, d'un pot plein d'eau sur une surface dure, il y a l'écho qui remonte quelques secondes dans le liquide, et la coque du récipient doit se sentir belle comme une ville victorieuse.

Il y a eu ensuite une odeur très puissante et douce d'huile solaire, l'accélération du pas dans le couloir, un arrêt, un linge déroulé à un mètre de moi, une sacoche de paille débordant de papiers et de livres, un paquet de gauloises, enfin un corps bronzé se jetant à plat ventre et s'étirant. Je ne voyais pas le visage de ce corps. Je voyais de longs cheveux noirs, un dos brillant de lumière, un maillot sombre et des jambes écrasées de chaleur contre le gris du balcon.

Le train roulait vers le nord-est. On avait quitté les pentes jaunes, traversé un long pays de lourdes fermes et de troupeaux de bovins, et passé le pont de la Sarine dans un ferraillement qui me soûlait encore. Je regardais les falaises très hautes sous les arbres et la broussaille. Des escadrilles de corneilles et de faucons pèlerins se faisaient la guerre devant des trous forés par l'intempérie dans les à-pics de la molasse.

La Sarine est un fleuve qui marque la frontière des langues et des civilisations : au sud la France, le Léman, les vignes dans l'austère soleil protestant. Au nord le pays de Fribourg : la Nuithonie catholique et romaine, la cohabitation des langues germaniques et du français, la révérence du latin d'Eglise et des pompes cérémoniales de la célébration baroque. Je me rappelais la réaction de Lucien Bonard, quelques années auparavant (il venait de publier *L'Empire céleste*) lorsque nous avions passé le fleuve, d'un pays à l'autre, dans ce même train du nord-est. Nous devions signer nos livres à Berne. J'étais allé attendre Lulu sur le quai de la gare de L. Voilà, le Cisalpin stoppe. La porte s'ouvre, apparaît une sorte d'énorme zombi aux yeux fermés, un cigare noir vissé aux dents, la cravate tordue et la chemise tachées d'un jus brunâtre. Il titube, il ne trouve pas le marchepied. Liliane L., qui l'accompagne, tente de l'aider, de le pousser à descendre. Pour finir, dans les cris et les protestations des voyageurs, Lucien ouvre à peine les yeux, parvient à s'extraire de la voiture et se laisse couler sur le quai. Nous essayons L. et moi de le soutenir aux aisselles trempées de sueur jusqu'au Buffet de la gare où il s'effondre sur une banquette. A nouveau il dort, immobile, les doigts croisés comme un moine sur un large ventre dont la peau très pâle luit dans l'entrebâillement de la chemise. Trois couverts. Liliane mange un peu de l'horrible tambouille démocratique, je m'efforce.

Lucien Bonard dort toujours, le cigare éteint à la lippe, un filet de salive noire comme de la réglisse coulant sur son menton, au grand scandale de nos voisins qui se le désignent et ricanent. Nous traînons notre ami sur le quai 1, nous le hissons dans le compartiment, quelques instants il fait mine de se réveiller, il grogne, et dès qu'il est assis il se rendort. Le train se met en marche. Liliane regarde par la fenêtre. La lumière calviniste, le Plateau et ses fermes, les troupeaux, les pommiers aux derniers fruits solaires dans leurs branches noires. Nous arrivons sur le pont du fleuve, Lucien se réveille, plisse les yeux, et d'une voix exacte : « Ici, on change de pays. »

Il n'est jamais venu dans cette Suisse-là, il en ignore tout, mais en médium il a senti le passage, le partage des peuples et des langues. Génie de l'écrivain Bonard. Du colossal reporter. Ah que Dieu me donne un jour cette intuition des phénomènes!

Au moment où cette histoire commence, je voyageais seul en direction de Fribourg, plein d'appréhension à l'idée de retrouver la ville où j'avais passé plusieurs années à tuer et à exalter ma vie. Curieusement, j'étais saisi par un méconnaissable ennui qui paralysait mes idées et mes gestes. Je n'avais pas la force de regarder mes compagnons de compartiment, comme je le fais ordinairement quand je voyage en train; pas l'envie de déplier les journaux que j'avais achetés à la gare. Seuls les souvenirs me portaient, Bonard, Liliane L., cette étrange séance de signature alcoolisée à Berne, dont les temps forts s'estompaient dans la brume du vin blanc et du whisky, et dans le visage blond d'une Alémanique qui se penchait sur mes graffiti comme si elle eût voulu avaler la page de garde de mon livre. Et je me souvenais aussi de mon enfance, de mon père, du jardin, de l'eau vaste qui scintillait derrière les saules de la berge, des grands vapeurs blancs qui sillonnaient cette étendue entre la

Savoie abrupte aux montagnes bleues et la rive policée des Réformés.

On atteignait Fribourg. Je descendis et je m'assis comme autrefois à la terrasse du Buffet. Cette fin d'après-midi-là, il y avait quelque chose d'inquiétant dans l'air, quelque chose d'angoissant, odeur, sensation tactile ou menace? Comme autrefois. Peut-être étaient-ce l'humidité et la fraîcheur apportées par le vent du soir qui montaient du fleuve, plusieurs centaines de mètres plus bas, dans la paix trompeuse de la ville. Novembre. On avait déjà oublié la Toussaint et la fête des Morts (pas moi). Il n'allait pas tarder à neiger. Peut-être dans dix jours, peut-être demain. Mais l'hiver n'était pas loin.

Des ecclésiastiques passaient, des curés en soutane serrant leur missel sous le bras, puis toutes sortes de prêtres, des augustins à lunettes rondes, des capucins âgés (j'avais remarqué, il y avait trente ans déjà, que les capucins ont toujours l'air de vieillards), et allant par deux ou trois des nonnes replètes aux cornettes flottantes, les yeux baissés sur leurs chaussures éculées et noires; et encore de petits abbés, des séminaristes, des sœurs de saint Paul, des marianistes...

Les cloches de dizaines d'églises se mirent à sonner. Des oiseaux s'envolèrent des toits. Des vieilles se hâtèrent frileusement aux chères vêpres. Depuis quelques instants les consommateurs se taisaient aux tables voisines – on ne plaisante pas des gens et des choses de la foi, sous ces climats. La Nuithonie. J'admirais et je craignais.

Soudain je me rappelai que j'avais lu une thèse, il y avait une vingtaine d'années, sur la virginité de Marie. Elle était signée d'un dominicain dont j'avais oublié le nom, mais elle m'avait longtemps habité parce qu'elle me rappelait ce que j'aimais et ce que je craignais dans les jeunes filles et les femmes, particulièrement chez celles que j'avais connues à Fribourg au temps du bac. Mais à cet instant : pourquoi ce souvenir, comme un appel, dans ce lieu bruyant et idiot, devant cette bière fade, ce soir, après tant d'années d'indifférence et d'oubli? J'y vis un signe, et je me promis de trouver au fond d'une bibliothèque, à mon retour, cet ouvrage qui devait avoir paru dans cette ville même.

Je vous salue Marie, pleine de grâce
Le Seigneur est avec Vous
Vous êtes bénie entre toutes les femmes
Et Jésus, le fruit de vos entrailles
Est béni.
Sainte Marie, mère de Dieu
Priez pour nous pauvres pécheurs
Maintenant et à l'heure de notre mort,
Ainsi soit-il.

Voilà ce que nous récitions, au début des cours, dans les classes des ecclésiastiques qui nous enseignaient. Peut-être ma mémoire n'était-elle pas tout à fait précise. Cependant, à cet instant, j'entendis le son de nos voix dominées par celle du prêtre, la psalmodie familière et innocente, et je respirai l'odeur de la classe comme celle d'une cave maternelle et bienveillante. Cave, antre, coque, abri enfoui : me laisser fondre dans cette chaleur une fois pour toutes! Trouver la paix de l'âme et du corps dans la certitude inviolable! C'est à ce moment que je compris que je rêvais depuis toujours d'un ventre où retourner, où me tapir, où me loger pour l'éternité. Comme si j'avais passé toutes ces années, depuis mon adolescence, à rechercher et à défier ce secret, à le choyer sans le savoir, à le vivre en songe, à le porter jour et nuit dans l'imagination et dans la possession du sexe des filles et des femmes d'ici et d'ailleurs (ô les filles de Sion du prophète!). Et je me souvenais de la répugnance et de l'attirance de Jonas devant la gueule béante de la baleine, des interminables trois jours qu'il avait passés dans le ventre du monstre délégué par Dieu, et sans doute de son étonnement, de sa déception et de sa fureur à être rejeté comme un pauvre homme nu quand la volonté du Maître s'était révélée accomplie. Mais qu'est-ce que Jonas avait à faire à cette terrasse? Ma bière avait pris un goût âcre dans le verre poisseux. J'en commandai une autre, de la Cardinal, cette fois, c'est amusant, la brasserie Cardinal se trouve à quelques centaines de mètres de la gare, de ma place j'en voyais les bâtiments, la cheminée, le haut silo blanc, et je réfléchissais à ce prêtre que Fribourg avait donné au monde, le futur cardinal Journet, ce petit vieillard courbé, humble, acharné et rayonnant, que nous voyions avec stupeur remonter la rue de Romont entre deux solides abbés à la mine paysanne et médiévale. Charles Journet. *Les Images*. Ses luttes féroces avec les Réformés de Genève, ses attaques, à la rhétorique ornée et empoisonnée, contre la psychanalyse freudienne : « Il y a des limaces qui, par un sens exact des convenances, fréquentent les immondices; il en est d'autres que personne ne peut empêcher de se traîner sur les fleurs. On peut baver sur des splendeurs... » Ces mots de Charles Journet, que nous répétait à satiété notre vieux professeur de philosophie, l'abbé Jambé, s'étaient gravés dans ma tête. Nous nous les disions avec emphase, en petit comité, les dramatisant, les chantant sur le mode grégorien, les ridiculisant par toutes sortes de comparaisons. Animés cependant, derrière ces pitreries, par une terreur sacrée que notre humeur ne parvenait pas à exorciser. Car nous voyions toujours le vieillard frêle au visage rayonnant entre ses deux balaises en soutane, la rue s'éclairait à son passage et chacun s'arrêtait pour le saluer d'un signe de tête avec déférence et amour. Il veillait sur la ville! Il veillait sur Jonas et sur les pécheurs de Ninive! Lui, le cardinal Journet, Dieu l'avait envoyé pour garder les habitants de Fribourg des tentations de Satan, pour les exhorter à regarder vers le haut plutôt qu'au sol hanté du diable.

Moi aussi j'avais été l'une de ces limaces bavant sur la splendeur, moi aussi j'avais dénigré, j'avais renié, j'avais injurié le Jardin que j'avais reçu en partage à l'origine. Sorcier courbé vers le sordide. Mage salivant sur le corps des sorcières infâmes, et salissant les sorcières pures. J'avais perdu mon chemin dans la bave et la glu, et jusqu'à moi les traces des saints et les avertissements s'étaient brouillés, puis effacés. *Nobis quoque peccatoribus!*

Aussitôt je me souvins des matins où j'accompagnais Anne-Marie à l'église Notre-Dame, on descendait très tôt de chez elle, rue de Lausanne, tout le quartier du Bourg vibrait du chant des oiseaux de l'aube célébrant matines à leur façon. On pénétrait dans la grande basilique fraîche où pesait encore l'odeur de l'encens des vêpres de la veille. Je demeurais en arrière, presque à l'entrée, je m'asseyais et je restais immobile tandis qu'Anne-Marie allait s'agenouiller le plus près possible de l'autel parmi les quelques femmes déjà penchées sur leur livre de messe. En entrant dans la nef, Anne-Marie avait jeté une mantille noire sur ses cheveux et ses épaules, et sa démarche même était devenue différente, mesurée et grave, quand elle s'avançait dans le promenoir central pour gagner la place qu'elle affectionnait. Du fond de l'église où je me tenais, je devinais plus que je ne voyais chacun de ses gestes dans la lumière orangée des rares lampes et des flammes vacillantes des cierges. Au-dessus du prêtre et des enfants brillait Notre-Dame de Fribourg, souriante et bénéfique, la clochette tintait, le chœur s'emplissait d'airs sublimes et simples à retenir (je chantonnais certains d'entre eux toute la journée). Anne-Marie se relevait, me rejoignait, et nous sortions en silence dans le soleil de l'été. Trente ans me séparaient de ces scènes... Je sentis des larmes me monter aux yeux, et je cachai mon regard d'une main tremblante.

Je laissai de la monnaie sur la table, empoignai ma serviette et me levai. Je ne porte jamais de valises. Elles me fatiguent et aggravent mon air hébété. Un instant encore je regardai la maison où j'avais été pensionnaire au temps de Saint-Michel, à l'entrée du boulevard de Pérolles. La nuit humide tombait. Je plongeai dans le ventre de la ville. Je passai devant l'évêché, je descendis la rue de Lausanne, j'atteignis la place Notre-Dame et je faillis entrer dans la basilique où je suivais, il y avait trente ans, les gestes fervents d'Anne-Marie se recueillant à la messe de l'aube. Mais la nuit était tombée brusquement, pendant ma descente dans les ruelles presque désertes, les vêpres étaient dites, je n'allai rencontrer dans l'église qu'un fantôme en mantille noire agenouillé au premier rang sous la bienheureuse Vierge. Un sentiment de crainte me saisit, je tournai le coin de la rue Saint-Nicolas parfaitement vide à cette heure, passai devant la vieille pharmacie où un boa empaillé se tordait autrefois parmi les médicaments de la devanture, je frôlai les murs noircis de la cathédrale dont le portail était encore ouvert sur Dieu sait quelle lueur oscillante, et l'odeur de l'encens sortait par bouffées dans la rue sombre. J'étais comme assommé de tristesse et d'inquiétude. Un instant, j'hésitai à tourner à droite et à m'enfiler dans la ruelle du Pont-Suspendu, où je me rappelais qu'un certain Café de la Poste proposait ses tabourets crasseux à des prostituées de bas étage et à quelques pochards écrasés. A l'époque il y avait un accordéon, on faisait ses déjections dans un trou unique pour les deux sexes, au fond d'un boyau suintant, et l'odeur de la mauvaise bière, de la bière âcre qui sent le rot d'agonisant, emplissait cette taverne du diable. J'avoue avoir aimé ces lieux infâmes, comme j'ai toujours choyé les antichambres de l'enfer. Bordels suiffeux, bordels clandestins, cabarets au relent de sous-sol moisi, chambres d'hôtel à la périphérie des gares, guinguettes déglinguées aux filles édentées sous le rouge à lèvres agressif, bastringues suants, tripots, je les ai recherchés, je les ai provoqués. Au temps où j'allais encore à Paris, gare de Lyon déjà, je sautais dans un taxi et je me faisais conduire au bar Agadir, dans le quartier Berger-Saint-Denis, et j'y récoltais des obscénités et des laideurs qui occupaient longtemps mon âme peu égale. Bubons, œdèmes, cicatrices louches, naines mendiantes se hissant sur des sièges bringuebalants, faux légionnaires, culs-de-jatte ramant dans la sciure... Ah, mais créatures de Dieu! Je me souviens qu'un soir, en guise de plaisanterie détestable, j'ai conduit au bar Agadir trois ou quatre marchands de tableaux et un antiquaire avec lesquels je venais de dîner courtoisement chez Lipp. Triste fin de soirée. L'antiquaire terrifié tentait de résister aux assauts d'un nègre immense et drogué, les yeux rouges, la salive moussant aux lèvres, qui prétendait lui arracher son portefeuille. Les marchands d'art n'en menaient pas large. Et moi je sirotais mon vin rouge aigre en m'enchantant de la musique arabe que débitait inlassablement une espèce de transistor huileux campé sur un rayonnage garni de mouches au-dessus de l'évier.

J'hésitai donc à remonter de quelques mètres la ruelle du Pont-Suspendu, la bien nommée, et à entrer au bouge de la Poste. Mais Dieu en avait décidé autrement, et moi aussi sous sa garde.

Je parcourus les dernières centaines de mètres de la rue du Pont-Suspendu en me remémorant ces souvenirs anciens et légers. La nuit était noire, maintenant, de rares lampadaires jetaient une lumière avare sur un trottoir indécis, et à mesure que j'approchais du pont de Zähringen, le bruit du fleuve se faisait plus batailleur à mes oreilles. Bruit amplifié par les falaises abruptes, rumeur en écho, puissante, coléreuse, et je m'arrêtai un instant pour essayer d'en saisir l'oracle. Rien. Puis je fis encore quelques pas : en face de moi, à une trentaine de mètres, rutilait de toutes ses lumières la façade du Duc Bertold. J'étais sauvé.

Je traversai la petite place sombre et poussai la porte de l'hôtel. Un chasseur se précipita sur ma fine serviette de cuir, résidu de mes activités de marchand d'art, et je lus l'étonnement dans ses yeux quand il comprit que c'était là mon seul bagage. Je gagnai la réception. J'avais de la chance : en cette période de l'année pas de congrès d'hommes d'affaires, aucune rencontre d'officiers supérieurs en goguette et surtout pas de familles attardées à piailler devant les desserts au restaurant. Je m'inscrivis auprès d'une personne stricte qui ressemblait à Grace de Monaco, à la différence que mon hôtesse portait des lunettes sans monture dont les verres agrandissaient curieusement son regard quand elle levait les yeux vers moi. Elle parlait le français avec un accent alémanique et ses seins bougeaient librement dans son corsage rouge.

Le téléphone se mit à sonner.

– Excusez-moi, dit-elle, et elle parla sa langue avec grâce. On entendait les grasseyements germaniques de l'autre dans l'écouteur. Le téléphone se prolongeait : j'en profitai pour jeter un œil au livre de l'hôtel, par-dessus la banquette encombrée de prospectus touristiques, et je me convainquis que j'étais, à cette heure du moins, l'un des rares pensionnaires du Duc Bertold.

Elle raccrocha le téléphone et leva vers moi son regard agrandi.

– Excusez-moi. Profession?

Je ne m'étais pas attendu à cette question. Mais ici l'on était sur la rive allemande de la Sarine, où les détails administratifs comptent davantage que de l'autre côté.

– Profession? Euh... Ecrivain.
– Très bien, monsieur Carex. Maintenant je crois que j'ai tout.
Elle prit une clef au tableau.
– Si vous voulez me suivre, monsieur Carex. Je vais vous conduire à votre chambre.
Elle fit le tour de la banquette, s'empara de ma serviette, s'arrêta devant l'ascenseur et me sourit.
– Vous aurez une bonne nuit, monsieur Carex. De votre chambre, vous entendrez le fleuve, le vent du fleuve aussi, comme disent les gens d'ici, et demain matin vous apercevrez le couvent de Montorge parmi les arbres.
L'ascenseur stoppait, on arrivait devant une porte qu'elle ouvrit. J'eus le temps de noter que l'étage était somptueux, richement décoré de tissus brodés, de peintures paysannes et de sculptures brutes.
– Si vous avez besoin de quoi que ce soit, monsieur Carex, vous sonnez. Encore une fois, je vous souhaite une bonne nuit.
Elle commençait à m'assommer avec ses « bonne nuit ». Je m'ébrouai, ouvris la fenêtre et me laissai tomber, bras écartés, sur le vaste lit à deux places. Je n'avais pas dîné mais je n'avais pas faim. En revanche j'avais soif, je me relevai, j'allai à l'armoire frigorifique encastrée dans une paroi de la chambre, entre le poste de télévision et un cactus géant en fleur, j'y pris plusieurs petites bouteilles de whisky, des glaçons, un verre, et je me confectionnai trois scotches que je bus coup sur coup avec plaisir. Je me recouchai sans ouvrir le lit, à même la belle couverture artisanale, quelques instants je flottai comme un fœtus dans le ventre de sa mère, et je m'endormis tout habillé.
J'avais à peine dormi une heure qu'un bruit sourd et répété me réveillait, il y avait aussi des clameurs, des sons aigus de guitare électrique, des miaulements de saxophone surexcité. Je rouvris l'armoire

aux alcools et tentai de calmer mon agacement en absorbant rapidement trois ou quatre scotches bien tassés. J'essayais de m'exhorter à la patience. Je suis Jonas, me disais-je, je vais passer trois jours dans l'antre chaud de cette chambre comme le prophète dans celui de la baleine tutélaire. Du Gros Poisson, comme disent les traducteurs pointilleux des livres prophétiques, et les philosophes allemands. *Jona und der Fisch.* J'avais lu cet essai d'Uwe Steffen, j'avais été frappé par sa thèse sur la mort et la résurrection, que désigne de façon profonde (profonde comme les entrailles de la baleine) la parabole du petit prophète sommé par Dieu de se rendre à Ninive, capitale coupable, et d'y faire faire pénitence à ses vicieux. Mais moi, Jonas, Jonas Carex? Comme chaque fois que je me rappelle cette histoire, je me sens englouti dans la touffeur humide du monstrueux ventre, je respire l'odeur de ses intestins, des ses humeurs, des nourritures qui m'ont précédé au divin égout, et ce soir, enfermé dans cette chambre étouffante et maternelle je retrouve les parois de ma prison maritime. Et les coups sourds de la stéréo secouant l'hôtel me rappellent les battements du cœur de la Bête qui me porte dans ses flancs.

Intrigué néanmoins par ce bruit affreux, je me levai encore une fois, me jetai un peu d'eau fraîche sur le visage, me peignai, refis tant bien que mal mon nœud de cravate et gagnai l'ascenseur de l'étage. Je tendis ma clef à la réceptionniste qui ne leva même pas sur moi un seul de ses regards élargis – elle lisait un magazine en allemand –, mais, demandai-je :

– D'où vient cette superbe musique?

– Du sous-sol. Cette notre club disco, monsieur. Le Disco-Duc. L'entrée est libre pour les clients.

Elle n'avait pas cessé de fixer les pages de son journal. Et alors? J'étais bien réveillé, maintenant, j'allais descendre, à ce club, y boire un verre, scruter les gamines, bien m'amuser, en tout cas me distraire en me laissant matraquer par quelques horreurs tonitruantes. Je poussai la porte du club et j'entrai. Un signe de l'index fit comprendre au portier que j'avais loué une chambre à l'étage. Un vacarme du diable régnait sinistrement, et deux ou trois couples ridicules se contorsionnaient sous les projecteurs. Entre deux âges, les couples, du petit monde à cheveux décolorés et à blousons de faux cuir. Quelle tristesse! Je m'assis quand même au bar (j'étais le seul client perché sur un de ces tabourets recouverts de peluche mauve, hélas), bien décidé à ne pas me laisser abattre par l'adversité, et je commandai un double gin bientôt suivi de son jumeau. J'étais vaguement sonné. Il me semblait que je vacillais sur mon tabouret, et l'effrayant raffut de ce piège à rats faisait le reste : curieusement, au lieu de quitter ce bar et de sortir, j'étais comme englué dans une torpeur heureuse, j'avais chaud, j'étais humide de sueur, j'écoutais les vagues de la mer cogner contre la coque de mon navire qu'elles secouaient et entraînaient au gré de leur rage bénéfique. Encore un double gin. Les spots violets et bleus me paraissaient beaux, maintenant, je me laissais couler au fond de l'eau, comme un sous-marin qui se cache de l'ennemi, c'était bien cela, j'étais étendu sur une couchette rudimentaire dans l'une des cellules d'un sous-marin qui descendait, descendait, j'entendais la mer à travers la paroi blindée, tous les bruits de la plongée, les éclats de bulles, l'espèce d'aboiement de l'eau, à intervalles irréguliers, contre la peau d'acier du monstre. Moi j'évoluais dans ma carapace d'os et de chair tendue, dans ma grande armure d'arêtes solides comme des herses de château fort et d'écailles, bouclier géant dressé contre l'Ennemi. Et n'allez pas vous imaginer que je ne vois rien dans mon submersible admirable. Mes yeux, rapidement, se sont faits à la lumière phosphorescente qui règne dans ce ventre accueillant. Car ici j'ai mes domaines :

un estomac où se défont les hôtes de la mer, un foie accoutumé à filtrer les quintaux de richesses que ma Mère-Baleine ingurgite, un pancréas souplement prêt à tous les combats, une matrice où me loger jusqu'à la fin des jours et des nuits que Dieu fera, des intestins labyrinthiques où mon Créateur m'a mis à l'abri de la tempête : « Mais tu m'as fait remonter vivant de la tombe, ô Eternel, mon Dieu! »

J'avais lu Erich Fromm, il y avait deux ou trois ans : il faisait de Jonas un homme sans amour (*Jona, der Mensch ohne Liebe*, écrivent à sa suite les commentateurs de Fromm), un homme d'ordre et de rectitude, mais un homme sans charité. Et l'on pourrait ajouter : coupé des autres dans son île nageante, désobéissant, peu soucieux du sort des pécheurs de Ninive que Dieu lui a confiés, ingrat à l'endroit de son sauveur... Mais qu'importaient ces erreurs d'homme devant la miraculeuse aventure des trois jours?

Emporté par ma rêverie, je bus encore plusieurs gins en me laissant gagner presque plaisamment par les hurlements de la sono. Des jeunes gens arrivaient, ce devait être la fin des programmes des cinémas, les filles aussitôt bondissaient sur la piste, ouvraient toute grande la bouche comme pour aspirer un air pur, se déhanchaient, tendaient les bras dans tous les sens, et les apprentis charcutiers de la Basse-Ville essayaient de régler leur conduite sur ces contorsions nauséeuses. Nauséeuses? Avouez plutôt que c'est vous, monsieur Jonas, qui avez la nausée, juché sur ce tabouret où vous vous balancez depuis une heure. Le mal de mer, enfin! Non. Vous, c'est l'ivrognerie des purs et des fous. Moi aussi j'ai mon *Pequod* où je tangue à la poursuite de la Baleine blanche. Et quand je l'aurai immobilisée à l'aide de mes harpons et de mes filins, je ferai mettre le canot à la mer, je ramerai jusqu'à la Bête et je m'arrêterai sous sa gueule écumante. Alors je ferai couper ses entraves, je ferai arracher les harpons par ces marins ignares, et le monstre m'avalera comme Jonas, il y a bientôt trois mille ans, dans les hurlements de la tempête.

Je bus encore deux gins, payai mon addition et glissai de mon siège. Puis j'entrepris de gagner dignement la sortie. Je titubais et me retenais piteusement au mur du couloir, mes genoux fléchissaient, flottaient, hélas je n'avais pas, comme le Capitaine Achab, une jambe taillée dans l'ivoire poli d'une mâchoire de cachalot! Pour garder son équilibre par gros temps, le Capitaine avait fait creuser sur le pont du *Pequod* des trous de tarière où il plantait sa jambe d'ivoire. Ah, moi aussi, que n'avais-je une furieuse prothèse! Je passai devant le gardien-videur qui dormait affalé, je remontai lourdement les escaliers et débouchai, ébloui, à la réception.

– Votre clef, monsieur Carex?

– Non merci, mademoiselle, j'ai besoin de prendre un peu l'air.

Ma voix était pâteuse et sourde, ma langue épaisse, et quelques douleurs bien connues commençaient à me tarauder la nuque. De l'air! L'air du large! Les embruns, le sel et l'écume, ma jambe sauvage ajustée dans les trous du pont!

Je poussai la porte massive du Duc Bertold et me retrouvai sur la petite place couleur de suie et de pluie. En même temps la Sarine m'envoyait ses tonnes de bruit répercuté par les falaises. Ah, que cette eau me lave! Que j'y plonge ma tête enflée d'alcool, mes yeux cernés de mauvaise fatigue et mon corps alourdi par les paresses! Que j'y nettoie mon cœur des miaulements de Satan!

Mais je n'avais aucune envie d'inaugurer ces ablutions à la minute, et j'usai de mes ruses habituelles pour amadouer le Seigneur – et pour me rassurer bien sûr. « Mon Dieu, lui disais-je distinctement, donne-moi encore une petite heure d'errance et je te jure que tu n'auras pas de meilleur serviteur dès que je reviendrai au port. » Je le savais de longue expérience, il faut toujours se méfier des serments que l'on fait à Dieu. Mais je voyais miroiter dans mon crâne un reflet ancien de moi-même, une lumière jaune de fin d'après-midi où j'avançais en chancelant vers une porte maudite. Et cette porte n'était pas loin d'ici. A quelques rues. Et la mauvaise maison rejetée par Dieu devait briller de tous ses feux dans le soir humide de novembre. Allons-y. Gorgeons-nous de saletés et de mensonges, et Dieu reconnaîtra les siens. Mais s'il ne les reconnaissait plus, au sortir de la géhenne? Si les salives, les humeurs louches avaient tellement sali le visiteur trop curieux (« le diable, c'est la curiosité », disait encore l'abbé Jambé) que le Créateur écœuré se détournât une fois pour toutes de sa créature? Je passai lâchement sur ces considérations et m'engageai dans l'air moite de la rue du Bourg. Je consultai ma montre-bracelet. Il était vingt-deux heures quarante-cinq. La nuit était à moi! Je tâtai mon portefeuille dans la poche intérieure gauche de mon veston, il était encore bien garni, Dieu merci. Je gagnai tranquillement la place du Tilleul, l'air froid et mouillé me faisait la tête très libre, et je m'engageai d'un pas lent et décidé dans la ruelle de Grand-Fontaine. Je m'arrêtai. Oh merveille! Oh bonheur! D'où j'étais, à une centaine de mètres du *lieu*, je distinguais plusieurs silhouettes à demi nues qui évoluaient sur le trottoir de l'établissement. Dieu était bon! Dieu était juste! Un sentiment de paix gagnait sereinement mon esprit et mon corps tandis que je faisais les derniers pas qui me séparaient encore du Jardin des délices.

Je choisis d'aborder le Café de Grand-Fontaine par le trottoir de gauche, presque entièrement plongé dans l'ombre, afin de mieux observer les mouvements du trottoir d'en face et les allures de la maison. Le Café de Grand-Fontaine était plutôt neuf, ou avait été restauré ces dernières années, et sa façade diffusait une lumière rosâtre sous les lampadaires. Le trottoir était étroit, ce qui obligeait les filles à se coller contre la façade, la rue était pavée et je remarquai qu'elles répugnaient à s'y engager sur leurs talons longs et pointus.

Je traversai la ruelle, entrai au bistrot. Bistrot, restaurant, bar, hôtel? C'était indéfinissable, tout cela mêlé dans un style rococo et paysan, avec des nappes rougeoyantes sur les tables et d'épais rideaux soigneusement tirés. Des filles pressées contre la hanche des clients épars dans cet espace surchauffé. Plutôt jeunes et jolies, les filles, parmi elles deux Asiatiques et plusieurs Noires aux cheveux partagés en dizaines de petites tresses serrées et apparemment graisseuses.

Que fallait-il boire, Seigneur? La serveuse très dévêtue attendait. Pourquoi pas un whisky bien tassé? J'optai pour un double bourbon. Elle me l'apporta sur un petit plateau, jeta le glaçon dans le verre, versa le whisky, ajouta un doigt d'eau et resta debout devant moi. Elle était jolie, blonde, encore bronzée de l'été.

– Je peux m'asseoir? demanda-t-elle d'une voix basse, sans doute éraillée par la fumée des cigarettes et les alcools.

Et elle avait l'accent des Françaises du Nord.

– Mais oui, vous me feriez plaisir...

– Vous m'offrez quelque chose à boire?

J'en fus pour la sempiternelle coupe de champagne, dont elle avala la moitié à peine avions-nous trinqué. Elle absorba le reste en quelques instants.

– Je peux en prendre encore une?

Elle avait le temps, apparemment. Les clients assis ne semblaient pas prêts à s'inquiéter de leur consommation, tant les absorbait la compagnie de la demoiselle qui les avait englués à leur table. Et il n'était entré personne depuis que j'avais pénétré dans la salle rouge.

– Je m'appelle Carmen. Ne croyez pas que je sois serveuse! Je suis de remplacement, ce soir. L'officielle est malade. Une mauvaise grippe. C'est de saison. Moi je tapine, comme les copines, là-dedans et sur le trottoir de la ruelle. Le patron tient une vingtaine de filles en main. Et il y a des Jaunes, ajouta-t-elle fièrement, et des vraies Noires d'Afrique!

– Et ça se passe où? demandai-je d'une voix un peu trop calculée et polie.

– Où? (Elle rit gentiment.) En tout cas pas à l'hôtel (tiens, elle disait l'hôtel, et pas le café, ou le bar), le patron ne veut pas d'emmerdes avec les flics. Non, ça se passe dans des chambres, tu connais la musique, on a des chambres, enfin des studios, comme on dit plus élégamment (elle rit); en face, et au-dessus de l'hôtel dans la ruelle. Côté Tilleul et au-dessous, côté Sarine, si tu veux. Tu vois le topo?

On l'appelait à une table. Mais oui, je voyais parfaitement le topo. Cependant que l'alcool opérait en moi, accomplissant son double travail d'apaisement et d'excitation. Déjà je sentais, je voyais les parois de la salle rouge m'emprisonner et me contenir comme un ventre, la chaleur de l'antre me soûlait, affectueusement me portait, je commençais à percevoir les bruits de la mer derrière ma coque verrouillée.

Carmen revenait, souriante, amicale, je la voyais danser dans une lumière de pluie tiède, elle se rasseyait en face de moi, je désignais d'une main presque immobilisée par la torpeur nos deux verres vides, elle allait les remplir au comptoir, elle revenait en dansant dans le roulis et le tangage.

– Tu n'es pas flic, au moins? Note que ça m'étonnerait. Je les connais tous, les flics d'ici, et toi je ne t'ai jamais vu. A moins que tu sois dans les huiles et que tu fasses ta petite enquête pour le Département de justice et police.

– Je ne suis pas flic.

– Mais qu'est-ce que tu fais, alors?

– Je suis écrivain. Enfin, j'étais. Il y a longtemps que je n'écris plus de livres.

Elle me fixait avec des yeux arrondis.

– Ecrivain! Mais c'est fantastique! Moi qui ai toujours rêvé d'en rencontrer un!

– Eh bien tu l'as, cette fois, ton écrivain. Un homme trop gros, avec une trop grosse tête, un complet Prisunic, une cravate à quatre sous. Et suant son alcool par tous les temps, collant, paralysé par la paresse... Pas ragoûtant, le monsieur.

– Allez, tu dis du mal de toi! On croirait que tu y prends plaisir. Tu n'es pas si moche que ça, tu sais, un peu... enveloppé, peut-être (elle passait sa langue sur ses dents légèrement tachées de rouge à lèvres), mais c'est ton style, ton look comme ils disent aujourd'hui, et puis tes vêtements sont propres, ta cravate aussi, et en fait de propreté, tu peux me faire confiance, je m'y connais. Tu ne portes pas d'imperméable?

Je m'avisai que j'étais descendu directement de ma chambre au Disco, et que j'étais sorti prendre l'air sans penser à me vêtir (et même sans en être capable).

– Au fait, continuait-elle, on est là depuis un quart d'heure, on bavarde, et je ne sais même pas ton prénom. Tu ne veux pas me le dire, rien qu'à moi? Je t'ai bien dit que je m'appelais Carmen.

Voilà l'épreuve que je redoutais. J'ai toujours eu de la peine à dire – à avouer – ce prénom biblique si peu en usage aujourd'hui. Prononcer ces deux syllabes si sonores, si chargées de significations multiples, me cloue d'angoisse et de honte. Je me les répétai mentalement : JO-NAS. JO-NAS. Je demeurai silencieux et transpirant quelques secondes encore, elle attendait, je le devinais au froncement de ses sourcils – je devais avoir l'air d'un malade ou d'un fou, la bouche ouverte, le visage crispé –, soudain je me jetai à l'eau.

– Je m'appelle Jonas, bredouillai-je, et un gargouillis honteux se fit entendre dans mon arrière-gorge.

Non, Seigneur, ne pas vomir! Epargne-moi cette dernière épreuve!

La fille me regardait avec une curiosité prudente. Il me sembla aussitôt que les ponts étaient coupés.

– Jonas? Mais tu es juif, alors. Note que je peux aussi m'entendre avec un juif. Il me semblait bien : ces gros yeux, le nez, ces grosses oreilles... Jonas. C'est la meilleure. Et changeant de ton : tu sais, je finis mon service à minuit. Le temps que je me change, et après on pourrait peut-être s'amuser tous les deux?

A quoi bon lui expliquer? De toute façon elle n'y comprendrait rien. Dommage, elle était plutôt sympathique, cette fille, et plutôt spontanée dans ces eaux louches.

Je déclinai son invitation – elle en parut sincèrement désappointée –, et pour compenser mes mauvaises manières je commandai une dernière tournée de champagne frelaté (sans aucun doute) et de whisky. Puis je pris brusquement congé pour éviter de revenir sur le motif.

– Il se fait tard. Au revoir, Carmen. Merci de ta compagnie.

– Au revoir... Jonas. Reviens me voir. J'aurai toujours un moment pour toi.

J'avais douloureusement noté son hésitation au moment de prononcer mon prénom. J'y revenais : il est profondément vrai que je déteste dire ce prénom. Tout de suite j'en éprouve de la honte, et même avec les personnes agréablement attentionnées, un malaise qui se traduit par des manifestations détestables :

gorge nouée, borborygmes, langue sèche, tiraillements de la face, il m'arrive même de bégayer plusieurs minutes après l'épreuve, je tire alors mon mouchoir, m'en couvre la bouche et fais semblant d'être pris d'un accès de toux.

D'où vient cette répugnance à articuler clairement les deux syllabes de ce prénom? Peut-être parce qu'il me semble que Dieu ne l'a voulu que pour moi, sur le modèle du prophète, mon homologue, avalé par le monstre il y a bientôt trois mille ans. Je répugne à me nommer, car en le faisant, j'ai le sentiment de révéler un secret qui ne m'appartient pas. Du moins pas à moi seul. Et qui donne son secret le perd, c'est bien connu. Il y a autre chose : j'aime mon prénom. JO-NAS. JO-NAS. Et j'ai rarement osé dire nettement ce que j'aimais, ou qui j'aimais. Au temps où je gagnais beaucoup d'argent dans le commerce des œuvres d'art, je ne pouvais reconnaître devant un tiers mon goût très vif pour tel tableau, pour telle sculpture, j'aurais eu l'insupportable impression de me trahir, et de trahir ces belles choses en me déclarant trop vite. Non par ruse! Mais c'était le souci quasi physique de garder en moi, pour moi, l'attirance, parfois l'espèce de passion que je ressentais déjà pour ces œuvres et je me taisais, je louvoyais pour éviter de nous trahir elles et moi.

Ainsi de mon prénom. Moi, Jonas. Et celui d'il y a trois mille ans. Combien de fois ai-je relu le récit biblique de son aventure? Combien d'images de Jonas, du Monstre, de la Baleine ou du Poisson, peu importe, ai-je scrutées, ai-je interrogées jusqu'au délire? La Bible de Heisterbach, à Cologne, la scène s'intitule *Die Erettung des Jona*, on voit Jonas, nu, s'extraire de la gueule largement ouverte de son ravisseur (la main de Dieu l'agrippe par le bras et l'aide à se tirer de son étrange position). L'énorme poisson de Bruegel le Vieux (un homme en armes éventre la Bête avec un coutelas à dents de scie et des tonnes de poissons vomissant eux-mêmes leurs victimes jaillissent de l'horrible panse : *Divites per potentiam opprimunt vos* – c'est la devise que le Flamand a voulue pour illustrer cette vengeance). Et m'arrêtant longuement à vénérer la figure de Jonas que Michel-Ange a peinte à la chapelle Sixtine. Et fasciné par le Jonas de Poussin, qui se précipite dans les tourbillons de la mer. A la cathédrale de L., pas très loin de mon domicile, je demeurais en contemplation devant la grande rose où le signe zodiacal des Poissons, sur fond de verre bleu, me faisait songer longtemps aux paraboles de la mer. Une autre scène de la rose montrait un moissonneur à la tête curieusement entourée de deux grands poissons moirés, comme si la mer, là-bas, avait choisi de rejoindre la terre, et peut-être de la recouvrir, comme dans l'ancienne alliance.

J'essayai de refermer la porte du café sans la claquer de dépit, et je regrettai aussitôt mon imperméable, car un vent froid et pluvieux soufflait dans la ruelle, et je frissonnais sur le trottoir étroit où les filles continuaient à aller et venir – certaines d'entre elles s'étaient appuyées à la devanture du bistrot et fumaient des cigarettes en bavardant.

J'entrepris lourdement l'inspection des visages et des corps. Moues s'éclairant à mon passage, petits mots engageants et obscènes, sourires crispés par le froid. Jambes et cuisses nues au vent de novembre. Blousons de faux cuir, chemisiers transparents ouverts jusqu'au nombril. Bottes blanches, presque toutes à très hauts talons de culte fétichiste. Le spectacle le plus conventionnel, n'eût été la présence de deux Noires aux yeux injectés de sang, et de quelques menues Asiatiques dont la grâce tranchait sur la dégaine ordurière des copines.

Je déambulai encore un peu, histoire de regarder les filles : le choix d'une seule allant me priver de toutes les autres dans un instant. Le gin du Disco et le whisky de Carmen pesaient lourd dans mon crâne et dans mes veines. Une avidité et une pudeur me glaçaient sur place (le mauvais vent froid du fleuve s'en mêlait aussi), et chaque fois que j'allais faire un pas vers l'une d'entre elles une paralysie profonde me gagnait, je demeurais stupide, l'air aussi dégagé que possible, consultant ma montre-bracelet et affectant la mine agacée des rendez-vous manqués. Un rendez-vous à presque minuit dans une rue chaude de Fribourg! Ce qui m'énervait particulièrement, c'est que des types sans complexe débouchaient dans la ruelle au pas de charge, sautaient sur l'une de ces dames et après un bref palabre se laissaient entraîner vers une porte proche. J'entendais la clef dans la serrure, la porte s'ouvrir, se refermer. Des habitués, aussi. Là, pas de discussion préalable. Un signe de tête de l'arrivant et le couple allait s'enfermer en devisant. Ce qui m'amusait, dans mon désarroi, c'était d'imaginer l'évêque de Fribourg encore au travail sur ses papiers à quelques jets de pierre de là, les cordeliers en méditation deux rues plus haut et les nonnes du cloître de Montorge en prière dans leur étroite cellule plusieurs fois centenaire. Elles intercédaient pour moi!

Cette idée me donna du cœur au ventre, et pour me réconforter pleinement je me rappelai cette parole du Livre d'Osée : « Va, prends une femme se livrant à la prostitution... » Je m'approchai de deux Asiatiques un peu à l'écart au-dessous de l'hôtel, en désignai une maladroitement et me laissai conduire à mon tour à un studio libre. La fille marchait plus vite que moi, silencieuse, en avance de quelques pas sur ma grosse démarche. Ses vêtements blancs luisaient dans l'obscurité. Nous arrivions. Porte ouverte et vite refermée. Elle se retourna vers moi avec un beau sourire.

– Il n'y a pas d'ascenseur, dit-elle d'une voix

haute et nasillarde. C'est au troisième. On sera bien tranquilles.

Je peinai à grimper ces trois étages et à plusieurs reprises je dus me retenir à la rampe de bois. Je pestais contre ma bêtise et ma faiblesse. Ah, tu t'es mis dans de jolis états, pauvre Jonas! Je m'exhortai en moi-même.

La baleine, c'est toute la merde humaine.

La baleine est une grosse limace bavant sur son prisonnier.

La baleine pue et asphyxie mon existence.

La baleine me persécute dans mon âme et dans ma chair, elle n'est pas digne de la Création de Dieu.

La baleine est le cratère de pus qui suinte à la bouche du Christ dont je lèche les lèvres.

La baleine convoite le cadavre décomposé des saints. Elle convoite également leur présence rayonnante.

La baleine est un cloaque où j'ai perdu beaucoup trop du temps de mon unique vie.

La baleine est une catin qui souille le lit de la mer. Elle m'ingurgite et met tout mon poids sale dans son poids de monstre.

La baleine m'a pris en elle et m'a recraché, maintenant elle essaie de se confondre avec moi, de m'habiter à son tour.

La baleine... Merde.

On arrivait. Je m'appuyai en soufflant à la rampe.

– C'est haut, dis-je bêtement.

Elle m'attendait en souriant sur le pas de la porte. J'entrai. Je m'approchai d'elle : elle avait un visage à damner un prophète.

– Comment t'appelles-tu? dit-elle de sa voix haut perchée.

J'avalai ma salive et me raclai la gorge. Ça devait faire naturel, par cette nuit froide.

– Jonas, dis-je avec peine. Je m'appelle Jonas.

– Et moi To-Ky. Mais pour les clients, pour les copines, pour l'administration, pour tout, je suis Touki. (Elle épelait, rieuse et gaie, T-O-U-K-I : Touki.) C'est un joli nom, tu ne trouves pas? Elle poursuivait : ma mère est vietnamienne, mon père chinois. C'est ce qui fait les meilleurs mélanges. La paresse indochinoise et la sagacité des Chinois. Alors voilà. On se déshabille?

Auparavant je lui donnai le « petit cadeau » qu'elle courut enfermer à l'autre bout de la pièce dans une armoire en métal. Puis elle fut nue en quelques secondes alors que je me dévêtais péniblement – je dus même m'asseoir sur le divan pour me défaire de mes chaussures trop bien lacées et de mes chaussettes.

Quand enfin je fus nu, moi aussi, et comme d'habitude en ces circonstances, recroquevillé sur moi-même : « Viens », dit-elle, et elle me poussa dans une étroite salle de bains où le lavabo paraissait occuper toute la place, ça sentait le parfum bon marché et la savonnette. Elle me poussa encore, gentiment, contre le lavabo cette fois, fit couler l'eau, vérifia d'un doigt qu'elle était à la bonne température, prit la savonnette dans le porte-savon verdâtre, saisit mon sexe, l'ouvrit et commença à me laver.

J'étais mal à l'aise, toujours plié en deux. J'avais froid et j'avais honte de mon sexe mou dans ces mains fraîches. Le lavement. Je me rappelai aussitôt les définitions et les exemples édifiants qu'en donnaient les dictionnaires bien pensants :

> LAVEMENT – Liturg. *Action de laver. Le LAVEMENT des mains est pratiqué par le prêtre au « lavabo » et aussi avant la messe. LAVEMENT des pieds : cérémonie religieuse qui a lieu le Jeudi saint, conformément à l'exemple de Jésus, qui, pendant la dernière Cène, lava les pieds de ses disciples.*

Ici, la pauvre cérémonie prenait fin.

– Viens, dit-elle encore.

Je voyais avec stupeur les reflets verts et cuivrés de sa peau, le pubis très lisse sur les cuisses fermes, les pieds fins aux ongles peints en noir brillant.

– Viens, Jonas!

Elle s'allongeait sur le divan.

– On est pressés? demandai-je timidement.

– Pressés, pressés, on a vingt minutes, comme les autres. A moins que...

J'avais compris. J'allai à mon veston sur son cintre, pris mon portefeuille et en retirai quelques billets que je déposai sur un guéridon.

– Comme ça nous aurons un peu plus de temps. Viens Jonas, mon chéri.

Je frissonnai d'horreur et de colère. Mais les dés étaient jetés. Je m'allongeai à côté de la fille sur le divan, et tout de suite la lampe de chevet me fusilla dans les yeux.

– On ne pourrait pas éteindre cette lampe? implorai-je d'une voix fluette et ridicule.

Elle éteignit. Je me rapprochai d'elle et enfouis mon visage dans ses cheveux. En même temps je pris ses seins dans ma main droite, l'un après l'autre, ils étaient tendres et durs, et l'aréole se rétractait et se dressait sous mes doigts. Puis ma main descendit le long de ses hanches, caressa le ventre tendu et se mit à explorer le sexe avec ce que je croyais être de la tendresse. Mais il ne se passait rien en moi. J'étais curieusement vide, comme absent de moi-même, comme mort. Oui, Jonas Carex était mort, il croyait parcourir le corps d'une mortelle et il ne trouvait qu'une ombre.

Elle se mit à son tour à me caresser de ses paumes, le front, les épaules, la poitrine, le pubis : rien. Elle prit mon sexe dans ses doigts frais : rien. *Nothing. Gar nichts. Nada. Nihil. Nihil obstat...* Ça recommençait. Quand donc mon Créateur se déciderait-il à me foutre la paix?

– Tourne-toi, dis-je rudement.

Elle se tourna contre la paroi.

– Non. Pas comme ça. Mets-toi à l'envers sur moi. Ton sexe ouvert sur mon visage.

Elle obéit avec souplesse. Maintenant j'avais ses cuisses à mes tempes, ses lèvres collées à ma bouche. Je la respirai lentement. La mer. L'odeur des bêtes de la mer. Ma langue parcourut les lèvres, fouilla dans les plis chauds, s'arrêta, monta jusqu'à la limite des poils, redescendit en rapportant à ma bouche un suc épais et doux à l'odeur plus marine encore que les lèvres. Un moment, comme j'enduisais ces lieux de salive, les mots du cardinal Journet me traversèrent l'âme. « On peut baver sur des splendeurs. » Et j'eusse été cruellement fouaillé par l'avertissement du saint, à cet instant même, si la fille ne m'avait pris dans sa bouche chaude et rendu provisoirement quelque vigueur. Limace! Répugnante limace! me répétai-je en pressant ma figure entre les jambes de Touki, la pourléchant, la buvant, tandis que je sentais mon sexe se tendre et durcir sous sa langue. Sexe avalé par la baleine! Jonas encore une fois prisonnier de la gueule du Grand Poisson, du monstre exquis et coupable, et mon sperme allait jaillir dans les grottes roses de sa gorge!

Il jaillit donc. Elle l'avala lentement. Puis elle me laissa récupérer quelques secondes, elle-même se leva d'un bond, ralluma, et commença à se rhabiller. Je la regardai : le plus attirant visage, le plus gracieux corps que toutes les pécheresses de Ninive auraient pu envier.

Je me rhabillai moi aussi.

Les adieux furent brefs.

– Au revoir Touki, dis-je en lui tendant sottement la main.

– Au revoir Jonas. Reviens me voir. J'aurai toujours un moment pour toi.

Décidément c'était un refrain rue de Grand-Fontaine.

Elle se dressa sur la pointe des pieds et déposa un baiser léger entre mes sourcils.

Je sortis. Je redescendis les trois étages du petit immeuble bourré de studios, ivre, cette fois, de solitude et de tristesse. Voilà ce que la baleine faisait de ma vie. J'étais depuis quelques heures à Fribourg et je n'étais pas entré dans une église, je n'avais pas vu d'exposition, assisté à aucun spectacle de rue, je n'étais pas entré dans l'un des cafés populeux de la Basse-Ville. Je n'étais même pas allé en pèlerinage à Saint-Michel, j'avais ignoré l'église de Canisius, la chambre mortuaire du saint et les restes d'au moins deux de mes anciens maîtres qui dormaient leur dernier sommeil dans la crypte de l'édifice : l'abbé Jambé, l'abbé Dutoit. Je demandai pardon à ces âmes et maudis une nouvelle fois la baleine en regagnant le Duc Bertold à pas incertains. Je marmonnai en marchant, comme on prie. Le vent glacé me fouettait.

La baleine est le cilice de mon esprit et de mon cœur. Elle m'emplit de doute et de désespoir.

La baleine détruit mon présent et mon avenir.

La baleine est en moi comme je suis en elle. Je suis possédé. Qui me délivrera d'elle? Toi, Seigneur? De son emprise sur moi et de ses cavernes accueillantes et diaboliques?

Je n'avais rencontré personne au cours de mon bref trajet. Je sonnai à la lourde porte de l'hôtel, un portier de nuit ensommeillé bredouilla :

– Bonne nuit, monsieur Carex, et en attendant l'ascenseur, je l'entendis qui se recouchait sur son lit de camp au fond de la loge.

Ma chambre. La clef. Vite, l'armoire aux alcools! Pendant mon absence on avait rétabli le stock que j'avais entamé dès mon arrivée, et ouvert le lit élégant dont les draps luisaient, presque bleus dans la lumière de la lampe de chevet. Je bus plusieurs whiskies, quatre ou cinq, je ne sais plus, j'ouvris la fenêtre sur le bruit du fleuve, je me couchai tout habillé et je m'endormis instantanément.

II

Anne-Marie

Le lendemain matin j'entendis chanter un coq dans un jardin proche, et je me dis que la leçon des Evangiles n'était pas perdue. Trois fois. « Trois fois tu me renieras. »

Il était tôt. A peine sept heures. Je me sentais détendu, réconforté par le sommeil. Le petit téléphone de la table de nuit fonctionnait sans grésiller comme la plupart du temps dans les hôtels, j'appelai la réception et demandai du café. Je m'ébrouai sous la douche, changeai sommairement de linge (ma serviette d'industriel, même volumineuse, ne pouvait contenir beaucoup de choses), je choisis une nouvelle cravate plus fraîche que celle de la veille, m'habillai – je fus vite prêt –, et c'est justement à ce moment que l'on frappa à la porte pour m'apporter le café. Il était bon, brûlant, je le bus avec plaisir en regardant par la fenêtre. En face, la rive boisée, très en pente, le petit monastère dans la verdure touffue. Au centre le fleuve encore gris à cette heure, c'était une aube d'arrière-automne et les couleurs hésitaient encore entre la pâleur nocturne et l'éclat du jour. Sur l'autre rive, l'abrupt, la molasse grise, verte, jaunâtre, où s'accrochaient de rares arbustes. Je consultai mon agenda aux pages *d'usage pratique* : le soleil se lèverait à sept heures quarante, ce samedi 22 novembre. J'avais le temps de finir mon café et de descendre derrière les falaises pour voir le soleil de mon agenda monter sur la Sarine. Je me versai une dernière tasse, le coq appela deux fois de suite dans le jardin ou dans la cour d'une des petites fermes déglinguées que j'apercevais à la tête du pont, à la gauche de l'hôtel.

7 h 20. Il fallait y aller. Je déposai ma clef, traversai la place exiguë et m'engageai dans un étroit passage où je m'enfilais déjà trente ans auparavant. Il était bordé par deux haies désordonnées de noisetiers et de sureaux où les oiseaux avaient fait leurs dégâts, des grappes de baies pourrissantes et à demi détruites s'accrochaient encore aux branches sans feuilles et des milliers de fientes violacées constellaient le sol.

Trois minutes plus tard, je débouchai sur la rive caillouteuse du fleuve, je m'assis sur une pierre et j'attendis. Voilà. Hier je bavais, je m'attardais dans les sucs louches et la honte, et ce matin, lavé de frais et reposé, j'avais atteint ce profond cañon de la Sarine illuminé dans la grisaille par les torches jaunes des peupliers qui se dressaient le long des berges, mêlés aux églantiers décharnés et aux saules fauves : oui, l'hiver était proche. L'herbe était haute et sèche, agressive, et le fleuve roulait ses eaux grises et rapides en tresses puissantes, en tourbillons écumeux qui me fascinaient. Les peupliers dorés ne faisaient aucun reflet dans cette eau pressée et violente. Ici le fleuve se ruait solitairement, comme fermé sur lui-même par sa puissance et sa rumeur. Le bruit du fleuve! Ce grondement, cette fanfare basse tout juste accompagnée dans le majeur par le clapotis des vagues qui s'égaraient dans les échancrures de la rive, avant d'être emportées à nouveau dans le déferlement sauvage.

7 h 40. Le soleil se levait. Je me tournai vers l'est et je vis le ciel gris virer au rose, puis à l'orange. La boule rouge sortit complètement des collines et des montagnes lointaines, devint blanche, puis jaune, elle teintait les eaux de la large gorge et montait dans le ciel maintenant clair. Les peupliers étaient devenus des flammes, des reflets de moire et de métal couraient sur les saules desséchés.

L'eau du fleuve ne me laissait pas de répit. Elle coule vers le nord à grand fracas, bientôt elle se confondra avec les eaux de la mer... Bientôt elle portera, bientôt elle nourrira la baleine dont la puissance et les prodiges l'étonneront. Baleine, ou Poisson géant, ou Monstre, et toi Hydre des rives salées, ah, laissez-moi, donnez-moi la paix, ce matin! Une brume d'écume et de lumière automnale flottait curieusement sur les eaux. Une phrase de *Divagations*, que j'avais oubliée depuis des années, me revint aussitôt à la mémoire : « Aidons l'hydre à vider son brouillard. » Dieu entende ce souvenir de Saint-Michel.

C'était le samedi matin 22 novembre. Oui l'hiver était proche et je m'en réjouissais comme on se réjouit de retrouver son vrai lieu. Autrefois j'avais aimé l'été, la plage, la brûlure du ciment surchauffé sur le solarium de Pully... Depuis mes études à Fribourg, au début des années cinquante, je m'étais mis à connaître et à aimer le froid, l'humidité glacée ou moite de la Basse-Ville, la neige encombrant les trottoirs en tas inégaux jusqu'à Pâques, les étés courts et intenses, l'hiver précoce, la pluie froide, au matin, sur nos canadiennes trempées de la veille, lorsque nous dévalions la Glisse et la rue de Romont, traversions la place du Baromètre à grands pas, remontions en courant la rue Saint-Michel. La cloche sonnait déjà, nous nous engouffrions dans le bâtiment, nous grimpions l'escalier quatre à quatre pour rejoindre notre classe devant laquelle le maître en soutane élimée, les cheveux blancs en désordre et le visage sévère, faisait les cent pas devant la classe, dans le long corridor au sol de pierre très usé, en tirant sur sa cigarette et en toussant. Ce maître fumait des gitanes papier maïs, et nous aimions, à la fin de la leçon, le voir fouiller dans sa soutane (Dieu sait ce que contenaient ses poches), à gauche, à la hauteur du cœur, et en extraire le mythique paquet bleu comme la ligne bleue des Vosges et comme son regard d'enfant. Il y prenait *la* cigarette jaune, l'allumait en tremblotant et aspirait une grosse bouffée de fumée qui le faisait tousser de plus belle et éructer dans le grand mouchoir à carreaux qu'il allait pêcher dans l'une des poches latérales, cette fois, de la célèbre soutane :

8 à 10 heures : le cours de philosophie. Mais d'abord, toute la classe conduite par M. Jambé :

Je Vous salue Marie pleine de grâce
Le Seigneur est avec Vous
Vous êtes bénie entre toutes les femmes...

Ce semestre, psychologie – l'étude de l'âme chez saint Thomas, et théodicée. De temps en temps un accès de terrible toux foudroie l'abbé qui descend de sa chaire surmontée d'un crucifix de bois noir, il s'avance vers la classe en vacillant, sa respiration siffle, il désigne de l'index, aux élèves du premier rang, la poche de la soutane où il enfouit aussi ses paquets de françaises maïs, un garçon se précipite, déboutonne l'habit à l'endroit montré par le maître, fouille, finit par trouver une petite boîte qu'il tend au prêtre angoissé. Celui-ci prend deux ou trois pilules dans cette boîte, il les avale en essayant de les faire passer avec sa salive. Mais l'élève est habitué à ces accidents : il court aux toilettes, en rapporte un grand verre d'eau que M. Jambé boit d'un trait. Il reprend aussitôt contenance et regagne la chaire où il s'assied. « Dieu m'aime », dit-il de sa voix très basse et usée, et nous sommes tous très contents que notre Créateur aime et protège ce vieillard. J'irai lui rendre hommage, cet après-midi, dans son tombeau mural de l'église Pierre-Canisius. *Hic in crypta...* Et peut-être, à mes souvenirs et à ma tristesse, Dieu reconnaîtra-t-il l'un des siens.

Toujours assis au bord du fleuve, j'ai rouvert mon agenda. Au mois et à la date qui m'intéressaient. J'ai lu NOVEMBRE. *Novembre tire sur nom de ce qu'en comptant du mois de mars, il était le neuvième mois de l'année martiale. Du 1er au 30 novembre, les jours décroissent de soixante-douze minutes. 22 novembre, samedi, Cécile, sainte, lever du soleil à 7 h 40, coucher à 16 h 44.* Sentence du jour : *La conscience de leur importance empêche beaucoup d'hommes d'accomplir les actes qui pourraient la justifier.*

Je n'étais guère en cause, ici, moi qui passais mon temps à me meurtrir et à me faire honte. J'enviai même un instant, je l'avoue, ces gens conscients de leur valeur – même si, au bout du compte, ils ne font pas grand-chose de leur suffisance. Qu'est-ce que la vanité? J'en manquais singulièrement. C'était regrettable dans la mesure où ma vanité eût été une forme de l'amour que je ne me donnais pas. « Tu aimeras ton prochain comme toi-même », avait dit le Christ-Poisson. Ce qui entend clairement l'amour de soi, et la force d'aimer l'autre comme l'on doit s'aimer soi-même. Mais moi qui me détestais, et qui me le prouvais en me détruisant? Mais moi qui n'aimais personne?

Un brouillard sombre et de plus en plus dense descendait lentement de l'amont. Un couple de milans noirs frôla le fleuve, plongea plusieurs fois dans les torsades glauques, l'un des oiseaux s'écarta soudain de la rivière, un long poisson dans les serres.

Quel vol aisé et rapide. Et moi qui me sentais à nouveau lourd et hanté de mes torts.

Maintenant le brouillard atteignait mes chaussures et remontait la pente pierreuse de la rive. Le brouillard de l'Hydre... Je me levai, regagnai le chemin des sureaux et des noisetiers. J'atteignis la petite place au moment où neuf heures sonnaient au beffroi noir de la cathédrale. En même temps les églises de la ville se mirent de la partie, sur tous les tons, les cloches graves, les haut placées, les lentes, les rapides, les sévères, les espiègles, ce fut un concert d'hommes et d'anges qui m'immobilisa quelques minutes sur le trottoir, ravivant le souvenir et rouvrant de vieilles blessures.

Merde. Je n'avais pas envie de souffrir, ce matin du samedi 22 novembre dans Fribourg. Je remontai d'un pas que je voulais allègre la rue du Pont-Suspendu et la rue Saint-Nicolas, m'arrêtai devant la pharmacie du Boa en déplorant l'absence de la bête qu'on avait dû jeter à la décharge après cinquante ans de bons services, je repartis en méditant sur le sort de ma propre dépouille, dans quelques années, en me demandant si elle serait enterrée, incinérée, et si dans le second cas mes cendres seraient dispersées, à ma demande expresse (donc écrite, dûment datée et signée), sur le parvis de quelque lieu consacré. Afin, comme l'avait exigé don Juan en se faisant enfouir à l'entrée d'une église très fréquentée, que les fidèles foulent aux pieds les restes d'un pécheur et d'un renégat. Pas de *Hic jacet* pour moi. Et tout serait accompli.

Mais je n'avais aucune envie de m'attrister davantage, je tournai à gauche, débouchai sur la place du Tilleul où la molasse de la basilique Notre-Dame luisait bénéfiquement dans la maigre lumière. Je venais d'établir mon programme de ce samedi :

1. Boire une bière dans un établissement ombreux. Lire les journaux, en commençant par *La Liberté*, le

journal le plus lu de tous les quotidiens d'ici, en continuant jusqu'à l'épuisement de mes gros yeux, par les petits canards qui pullulent sous le ciel de l'évêque.

2. Boire une seconde bière au même endroit, mais cette fois-ci sans rien faire.

3. Aller me laver les mains aux toilettes (la bière me fait transpirer, même en novembre). Passer un mouchoir en papier sous mes aisselles. Uriner sans me presser, me rincer les doigts à l'eau froide, les sécher avec un nouveau mouchoir en papier (les linges des w.-c. fribourgeois sont tout juste bons à essuyer les cornes du diable).

4. Payer et sortir dignement. Au passage rendre son salut au patron, comme quelqu'un qui reviendra bientôt dans l'établissement.

J'entrai donc au Café du Gothard, dont la vétusté polie convint immédiatement à mon humeur. Je m'étais assis près de la vitrine, à une table d'où je pouvais observer les lignes pures de la basilique et le mouvement de la place. Je m'apprêtais à mettre en vigueur le programme que je m'étais donné, la serveuse venait de poser une grande bière écumante devant moi lorsque je me figeai, me raidis dans un terrible effort pour ne pas trembler ou tomber de ma chaise. Là-bas, cette femme, sortant de l'église... Anne-Marie. La silhouette élancée et mince, le pas dansant, la mantille jetée sur le bras, un large sac de paille à la main, comme autrefois. Elle devait faire son marché, ce samedi matin, elle longea les corbeilles des paysannes au bas de la rue Pierre-Aeby, elle paraissait flâner ou se reposer dans le petit soleil, elle remonta enfin rue de la Rose où elle acheta des fleurs, me sembla-t-il, oui, de grands bouquets qu'elle disposa soigneusement dans son sac. Anne-Marie. La robe longue (bleu marine? noire? marron foncé? C'étaient ses teintes), des bottes brillantes – elle n'en portait pas il y avait trente ans, ce n'était pas encore la mode. Elle s'arrêta devant plusieurs corbeilles, quelques étalages d'artisans, puis elle traversa la place en direction du marché de la Grenette, elle se rapprochait, je pus voir son visage assez clairement : c'était bien elle. La peau mate, les longs yeux noirs, la bouche sinueuse sur un menton volontaire. Les cheveux avaient pâli, je crus distinguer des mèches grises qui luisaient aux tempes.

Je ne bougeai pas. Courir à elle? Il n'y fallait pas penser. C'eût été intempestif et ridicule. Non. J'allais suivre tranquillement mon plan en quatre points. Puis j'entrerais dans Notre-Dame et je me souviendrais du passé. Ensuite j'irais boire une nouvelle bière à l'Hôtel de la Rose, juste en face du parvis de la basilique, et de là je téléphonerais à Anne-Marie. Elle ne devait pas habiter bien loin, puisqu'elle faisait ses courses du samedi matin dans le quartier. Peut-être même avait-elle conservé l'appartement de sa mère, rue de Lausanne, où elle vivait comme étudiante il y avait trente ans.

Je me rappelais que c'étaient des pièces très belles, sobrement ornées de quelques meubles rustiques hérités par la mère d'Anne-Marie, et les fenêtres du sud-est donnaient sur le fleuve. La mère, la fille. Le père était mort de la tuberculose (c'était l'époque!) quand Anne-Marie était toute petite. La mère secrétaire à l'Office du tourisme. La fille étudiante en lettres en première année mais elle suivait déjà, facultativement, les cours du Révérend Père Bochenski. Et elle peignait, elle dessinait pendant des heures, les jambes croisées, sur le plancher, puis elle déchirait tout ou descendait brûler ses esquisses au bord de la Sarine. J'avais essayé de sauver tel dessin que j'aimais, une aquarelle, une estampe, rien n'y faisait, elle me les arrachait des mains, les déchirait, les enfournait dans son sac de paille. Bons pour la flamme! Et je ne pouvais m'empêcher de chérir et d'admirer son regard farouche au moment des exécutions, à la nuit tombante, sur les cailloux limoneux de la berge, ses gestes précis d'exterminatrice, et l'absence totale de remords, ou de regret, à chacun de ces autodafés.

Je payai et allai m'asseoir à la Rose. Donc je choisis de ne rien brusquer, buvant ma bière à petites gorgées en attendant que le temps passât. J'avais bien patienté trente ans avant de la revoir. Tout au fond de moi germait sournoisement l'idée que j'étais venu à Fribourg pour la retrouver. Une autre voix me parlait de hasard. Samedi matin, le quartier, la basilique, le marché... Je commandai une autre bière que je bus plus rapidement que la première, mes paumes étaient moites. Je transpirais salement. Au bar (à l'Hôtel de la Rose le comptoir était une sorte de bar à l'américaine), la serveuse aux cheveux décolorés commençait à me dévisager avec curiosité. Las de cette halte, je me levai, poussai la porte et descendis les marches du perron en rotant dans la lumière.

J'entrai dans la basilique, mais le cœur n'y était pas. Autrefois, passé le porche et le portique, j'aimais m'arrêter devant la gigantesque vitrine des santons de Venise et m'émerveiller des figures et des paysages que les donateurs avaient sculptés et disposés pour leur paroisse. Les paysages, d'abord. C'était comme si on les découvrait d'en haut (du ciel, oh les anges), à vol d'avion, et ils paraissaient s'étendre à perte de vue, plats, vallonnés, parfois montueux et hérissés de quelques arbres secs, jusqu'au bout de l'horizon. A vrai dire ce n'étaient pas des paysages vénitiens : moyen-orientaux, plutôt, des paysages de la vieille Palestine ou de l'ancien royaume d'Israël. Du sable, des cailloux, des branches et des troncs calcinés par la chaleur. Sur cette étendue un ciel d'un bleu inoubliable, un bleu clair, léger, transparent, qui me faisait aussitôt penser au regard de l'abbé Jambé. Et qui donc vivait là, qui portait de l'eau, qui tirait un chameau par la bride, qui chargeait des fascines sur le dos de son âne? De petits hommes au visage tanné par le soleil, la robe flottante, les sandales soigneusement lacées. Ils étaient barbus, moustachus, leurs yeux étaient deux éclats noirs sous le front cuivré, ils me faisaient songer à des personnages de western, aux *barbudos* à escopette de Pancho Villa s'apprêtant à attaquer les Yankees. Curieuse association, mais qui m'enchantait, et que tempéraient les attitudes tendres de quelques mères au front voilé, allaitant leur nouveau-né à l'ombre maigre d'un palmier. Il y avait aussi des nomades poussant des troupeaux de moutons, et des maisons au toit plat, où se tenaient ce que je croyais être des savants devisant, et des astronomes attendant la nuit pour observer les étoiles.

La vitrine était toujours là, empoussiérée me sembla-t-il, mais je n'y fis aucune halte et je pénétrai dans le corps de la basilique. J'avais un peu honte de négliger mes émerveillements d'il y avait trente ans, je me souvenais qu'à l'époque une affichette signalait au visiteur que ces choses naïves étaient dédiées à saint Joseph.

Mais j'avais d'autres devoirs, ce matin. Et je m'assis à la place même d'où j'observais Anne-Marie s'abandonnant à la ferveur de la messe de l'aube.

J'avais de la chance. Il était dix heures exactes, un pas massif résonna à l'entrée, un gros abbé ventru pénétra dans la nef et gagna l'orgue où il s'assit après avoir fixé une prise électrique dans une fiche murale. D'où j'étais, je voyais ses doigts boudinés ouvrir un cahier posé devant lui, en tourner les pages un instant, puis s'appliquer à tirer ou à repousser les boutons du registre qui luisait, cuivre et or, dans la pénombre. Le gros abbé alluma une lampe au-dessus du vaste instrument, se dandina un instant sur son tabouret pour trouver la position idoine, tira un mouchoir de sa soutane, s'essuya le front et les mains, et posa ses doigts bien écartés sur les touches. Ah, moi aussi Dieu m'aimait, à cette heure! Ce premier accord, prolongé, repris, chanté comme en écho par les pouvoirs de cet instrument des élus, me plongea dans un profond bonheur vivifiant. Un instant de silence, comme pour me préparer à quelque joie supérieure encore, et le prêtre attaqua une mélodie de Bach que je ne pus situer, mais dont je reconnaissais parfaitement la complexité et l'harmonie. Il s'arrêta au bout de quelques minutes, essuya son front, son visage, ses mains, il se leva, il fouilla dans la pile des cahiers entassés à la hauteur de ses épaules, il en tira deux ou trois partitions qu'il ouvrit, parcourut en chantonnant et posa ouvertes, les unes sur les autres, devant lui. C'étaient des airs sacrés, de la musique liturgique, sans doute, qui devaient accompagner certaines messes ou des cérémonies particulièrement ferventes. Cette musique était fraîche et grave. La petite flûte dialoguait avec le basson, il y avait là des bruits de cascades dans la forêt, des ruisseaux musiciens dans leur gorge de pierre usée, le vent léger à la surface d'un étang vert, la pluie capable de laver toutes les plaies. Les miennes d'abord! Un instant j'eus l'idée de courir à cet homme si proche de mes terres, de me jeter à ses genoux, de lui demander d'écouter ma confession et de prier avec moi. De prier pour mon âme et pour mon corps.

– Mais vous êtes appelé à prier vous-même, mon fils, dans la solitude et le miroir de votre cœur.

– *Indignus sum qui orem*, mon Père, vous connaissez la parole du saint. J'ai les yeux tournés vers ce saint, mon Père, j'ai le regard fixé sur les saints. Mais je ne suis pas digne. Je souille tout ce que je pense, ce que je dis, ce que je touche. Le péché est un grelot attaché à mon cou, mon Père, un grelot bien pire que la crécelle des lépreux.

Evidemment je demeurai à ma place, le prêtre égrenait quelques notes, plaquait un accord, l'écoutait longuement, le répétant plusieurs fois sur le clavier. Il *jouait*, maintenant j'en étais sûr, et de ce jeu il tirait un vif plaisir qui portait l'improvisation. Improviser est une récompense, une nouvelle découverte de ses propres pouvoirs et des ressources de la musique. Les musiciens de jazz en usent pleinement, et elle triomphe dans leurs jam-sessions. Les grands virtuoses, les songeurs, les souples, les perméables, les médiums de la musique s'y donnent de hautes vertus. Chopin, Liszt, Schubert, Debussy, Ravel improvisaient. Et tous les autres, mais c'est à mes préférés, à mes choyés que je pensais en ce moment, en suivant la petite musique profonde et ramifiée que l'organiste, les yeux fermés, sa lourde tête inclinée sur l'épaule où luisait la vieille soutane, faisait jaillir dans l'église grise et rose où les ors brillaient à l'autel, et les flammes des cierges tremblaient. « Notre-Dame de Fribourg, priez pour nous... » MATER SANCTISSIMA SUBRIDEBAT ET QUOQUE IESUS PUER IN SINU.

Que cette histoire était pure, était belle dans sa limpidité. La mère, l'enfant. La prière intacte, la mère au sourire divin regardant son enfant Dieu et homme, qui sourit lui aussi sur son sein.

Etrangement je me souvins d'un poème que j'avais écrit autrefois à cette même place, un cahier quadrillé sur les genoux, je crois que je l'avais intitulé *Fribourg 1951*.

La faille s'ouvrait dans le bois
Il pleuvait
Aux arbres aussi la pluie de printemps faisait
[couronne

Comme à ces vierges des cimetières
Derrière leur vitre brisée
Le matin brille dans les pierres de leur front
Sous les cheveux de paille, les immortelles cassées
La plaque est à demi lisible
L'enfant sourit dans la pluvieuse lumière
Toute la tombe a poussé de travers comme une [dent
Je pensais à ces choses anciennes en traversant la [forêt
Regardant la buée entre les hêtres
Déchiffrant les ex-voto de l'écorce noyée
Aucun oiseau ne parlait
Aucun vivant ni aucun mort
J'étais seul avec mon regret des temps perdus
Ressassant de lointaines sonneries de cloches
Peut-être imaginaires dans ma mémoire
Tandis que le soleil allumait ses colliers de larmes
Irisées à la voûte du bois très lent

Ah, les Rois mages étaient bien éloignés de cette tristesse quand ils se guidaient sur la Grande Etoile dans le ciel violet! Et mes maîtres de Saint-Michel, tous inspirés de foi et d'indulgence! Et Anne-Marie, la pure, la sombre rayonnante aux longs cheveux encadrant son visage lisse! Anne-Marie qui n'avait ni peur ni doutes. Mes maîtres qui ignoraient l'obsession de la faute, la solitude, la macération dans le remords. Les trois rois conduits sereinement de désert en désert jusqu'à cet enfant mille fois plus roi qu'eux-mêmes et leur tendant ses petits bras dans le souffle tiède de deux bêtes placides!

Pourquoi m'étais-je souvenu de ce poème, quand j'étais transporté, guidé moi-même et vivifié par la musique et la reconnaissance de l'amour? Mystère mal supportable des passages, des labyrinthes de la mémoire, des regrets, des mouvements secrets de l'intelligence et du cœur. Révolte. Mouvement de révolte impuissante, dérisoire, secouant l'être comme une crise nerveuse, le tendant vers l'affrontement impossible, le vrillant jusqu'à la nausée, le laissant retomber enfin, flasque, vaincu, à ses démons qu'il connaît trop. Il n'y a pas de salut pour moi, me dis-je à cette minute humiliante (mais de tels instants de défaite, j'en avais vécu par milliers et je savais que j'étais en train de m'y habituer, comme le prisonnier à sa cellule, ou pour reprendre une image entrevue une demi-heure auparavant, je m'y faisais comme le lépreux à son cliquet et à ses croûtes). Aucune trêve. Pas de répit pour le fautif misérable. NOBIS QUOQUE PECCATORIBUS!

Je quittai la basilique comme le prêtre se mettait à jouer un air printanier et enjoué. Je vis des pentes couvertes de pommiers en fleur, des prés où neigeaient les cerisiers. J'écoutai, le temps de faire les quelques pas qui me séparaient de l'entrée, le bruissement des ruisseaux dans les rives herbeuses, la cascade éclaboussant la pierre nue, la pluie du ciel se mettant à son tour à tomber pour me laver et me donner l'oubli. Et je me retrouvai dans la rue de la Rose.

J'étais pauvre : j'étais démuni de moi-même, sans aucune confiance dans ma pensée ou dans la mince force que mes nerfs excédés pouvaient encore me donner. J'étais trop gros (mais moi je ne jouais pas légèrement de l'orgue des nuages), j'étais mouillé de sueur des pieds à la tête et je n'avais rien écrit depuis trois ans. Oui, j'allais de mal en malheur, marqué du sceau de Satan comme les sorcières qu'il asservissait. Le *sigillum diaboli* que les inquisiteurs et leurs bourreaux s'ingéniaient à découvrir sur les peaux fraîches des servantes du Maître. Moi aussi j'étais oblitéré du sceau infernal. Mais comment échapper à ce destin? Je me mis, sur les marches de la basilique, à rire tranquillement de ma sottise : mon sort était banal, de quelque manière que je l'aborde. Ils étaient des milliers et des milliers de vivants à mariner dans cette saumure. Alors merde pour le sigillum, merde pour Satan. *Vade retro*, mon cher ami, dans tes enfers et tes replis de chair suspecte.

On voit que je recouvrais une part de ma patrie perdue. Mais je venais de souffrir, de subir, de macérer dans un laid breuvage, et je n'aimais pas cette affaire.

En fait de breuvage, et en compensation de ces vicissitudes, je décidai de m'octroyer une bière sur-le-champ. Le joueur perd son tour et revient à la case Hôtel de la Rose, où il passe une heure à méditer. Je descendis donc les marches du sanctuaire, traversai l'étroite ruelle et entrai au bar de l'hôtel. La serveuse prit un air choqué, et même vaguement apitoyé, en me voyant sur le pas de la porte. Elle n'allait quand même pas me donner des leçons de morale, celle-ci. La décolorée derrière son bar à représentants de commerce gominés. Mais pour l'instant l'établissement était vide, j'étais seul avec cette outre rougeâtre aux cheveux jaunes, et comme elle ne se décidait toujours pas à s'approcher de ma table, je l'interpellai d'une voix assurée :

– Mademoiselle, s'il vous plaît!

Elle daigna lever l'œil sur moi, s'appliqua encore un instant à torchonner le comptoir de cuivre et augmenta le volume de la stéréo pour m'embêter.

J'avais mon plan, arrêté en quelques secondes. On ne l'attrape pas comme ça, Jonas Carex! Le stratège, le tacticien des guerres justes! La dame à la tête jaune venait enfin à moi.

– Et pour Monsieur, ce sera?

Moue désabusée, même écœurée. C'était fou ce que je pouvais plaire à cette dame.

– Ce sera une bière, mademoiselle. Une pression. Non... à la réflexion, donnez-moi une bière-cognac.

Ah, comme on devait se sentir à l'aise à New Bedford, à l'auberge du *Jet de la baleine*, à une table voisine de celle du Capitaine Achab parlant tout seul et gesticulant. Proférant menaces et invectives à l'endroit de la créature blanche qui le narguait et l'affolait. Comme on devait se sentir mieux, accoudé devant une pinte en étain, à la table voisine du forcené, de l'inspiré qui tremblait du désir de planter son harpon dans le flanc neigeux de Moby Dick!

Moby Dick nous vient tout droit de l'enfer.

Moby Dick engloutira le Capitaine dans les flots rougis de son sang de bête damnée.

Bête, ou reine des mers, ou génie du mal? Maintenant Achab songe, il a pris sa tête dans ses mains, il demeure prostré à sa table devant la bière qu'il ne boit pas. J'irai le rejoindre dans quelques instants, moi, Jonas, bourlingueur des mers, spécialiste des plus rudes expéditions maritimes, habitant du ventre d'une certaine Baleine sur l'ordre infâme de l'Eternel. J'arrive, Achab! Je suis prêt! Que je te rejoigne sur l'heure, et à nous deux, nous nous rendrons maîtres de ton Monstre!

– Votre bière-cognac, monsieur, articulait sèchement la serveuse en posant une grosse chope devant moi.

En même temps elle me dévisageait avec une curiosité mêlée d'effroi, je devais avoir crié, sans doute, proféré à mon tour certains fragments de mon discours... Va te faire foutre. Je suis un chasseur de baleines, moi, et ce n'est pas la première sauteuse apparue qui va me faire changer de cap. Mais d'abord, un, boire ma chope. Décidément le cognac donne à la bière ce fond moelleux, cette vigueur, cette intransigeance dans l'attaque de l'œsophage et de l'estomac du consommateur qui prouvent l'excellence du mélange. C'est sérieux et c'est sévère, une bière-cognac. Maintenant on ne transpire plus : on se laisse gagner par une vigueur chaude qui part de l'estomac, passe dans le sang à la fois allégé et revigoré, insiste dans mon cerveau de longues minutes et pèse à mes tempes. Mes grosses oreilles écoutent mieux, l'œil est impitoyable, le pylore brûle, mais légèrement, de son petit feu bénéfique et familier.

– Mademoiselle! Une autre bière-cognac, s'il vous plaît.

Elle s'est résignée. Aucune moue, pas de haussement d'épaules.

– Une bonne dose de cognac, je vous en prie, mademoiselle. Je me connais! C'est la seule façon de soigner ma grippe!

Ce mensonge fait son effet, elle m'apporte un breuvage qui sent à un mètre, le pose joliment devant moi, lisse la nappe que j'ai froissée en m'accoudant et en m'affalant. Puis elle repasse derrière le bar et baisse le volume de la stéréo. Miracle! Privilèges de la maladie! La voix haut perchée de Jean-Jacques Goldmann et les miaulements du violon de Catherine Lara m'apparurent aussitôt comme des fêtes pour mes oreilles et pour mon crâne où le feu couvait. Car j'aime la chanson, et il n'est pas question d'imaginer Jonas insensible aux voix fraîches des jeunes filles d'Israël et d'Assyrie. J'ai chez moi de nombreuses cassettes que j'écoute en m'occupant à de petits travaux inutiles. Puisque l'Eternel ne me donne rien de mieux à faire! J'écoute particulièrement Charles Trenet, Gainsbourg, Jacques Higelin et bien sûr Rita Mitsouko. Et les Américains, Leonard Cohen, Bob Dylan... Il m'arrive de faire passer dix fois de suite la même cassette. Quand j'en ai assez de mes modestes besognes, je m'écroule sur le divan de cuir et je me répète, en allemand et en français dans ma traduction hésitante (mais elle a fini par devenir exacte et nette comme un os nettoyé par une fourmilière), l'invocation d'Uwe Steffen à Jonas, en tête de son livre :

Jona, o Jona
wie in einem Spiegel
hab ich mich in dir erkannt.
Du bist die Gestalt
meines trotzigen, verzagten Ich.

Jonas, ô Jonas
comme dans un miroir
je me suis reconnu en toi.
Tu es la Figure
de mon être obstiné et craintif.

Et comme je m'adressais à Jonas, une phrase de Fénelon me revint en mémoire, l'abbé Dutoit nous l'avait lue à maintes reprises, une main rouge aux ongles courts étreignant le texte du Supérieur de la congrégation des Nouvelles Converties, l'autre main s'agaçant aux petits boutons de la soutane au niveau de l'épigastre : « On dort en paix dans le sein de Dieu, par l'abandon à sa providence... On ne cherche plus rien, et l'homme tout entier se repose en lui. Plus de raisonnements incertains et inquiets, plus de désirs, plus d'impatience à changer sa place. La place où nous sommes, c'est le sein de Dieu... » Alors moi, inquiet, incapable en toute circonstance de raisonner sereinement, moi, Jonas, pauvre errant bourrelé de désirs et d'impatience! Il fallait donc entrer dans le sein de Dieu pour connaître la paix, pour se reposer de la violence et de la sottise du monde, pour dormir, comme disait Fénelon – et l'abbé Dutoit insistait avec un confiant sourire, répétant le texte : *pour dormir* – dans sa durable providence. Dieu-baleine. Dieu pareil à un ventre où il nous a mis de ses mains, de son souffle, et qui nous y porte entre ses bras. Dieu assistant, Dieu inspirant Jonas à l'insu de Jonas dans les entrailles du monstre.

C'était une réflexion fortifiante, et je m'octroyai

une dernière bière pour me gratifier et pour remercier mon Créateur d'animer mon esprit de beaux souvenirs et d'idées fertiles. Sirotant ma chope bourrée de cognac, je me remis à penser à l'abbé Dutoit, aux lectures qu'il nous faisait, debout devant le tableau noir fendillé, aux textes qu'il nous proposait de lire nous-mêmes et d'analyser. Nous étions en terminale. Hugo, Baudelaire, Mallarmé, Claudel... L'abbé avait écrit un essai sur la poésie pure chez Ovide et chez Valéry, il connaissait personnellement Henri Mondor et montait assez souvent à Paris avec son complice inséparable, le chanoine Pittet, recteur de la Maison, latiniste savant et joueur. Attendant le train de L., le samedi, jour de congé solennel, il arrivait souvent que nous voyions sur le quai la paire d'amis, en soutanes fraîches, qui s'apprêtaient à grimper dans le train de Paris.

L'abbé Dutoit était un homme de bonne taille au ventre arrondi, sous la ceinture de la soutane, par les repas fins et les gâteries. Son embonpoint raccourcissait le vêtement, qui remontait par-devant et laissait voir des bas de pantalons noirs sur des bottines impeccablement lacées et cirées. Son visage était ferme et plein, d'un rouge clair qui virait au cramoisi après le déjeuner des prêtres du collège. Le nez était court, pointu, le regard net, la voix douce et harmonieuse, qui pouvait devenir sévère, sèche, et la parole hachée, quand il se sentait contrarié. Car l'abbé était colérique, on le disait vindicatif, son influence sur le recteur était connue et nous étions toujours prudents dans nos rapports avec lui. Il lissait soigneusement ses courts cheveux grisonnants, à la brillantine et à la brosse, mais cette chevelure était rebelle, des cheveux gris se dressaient sur ses tempes et sur ses oreilles, ce qui corrigeait l'impression d'urbanité que dispensait toute la personne de ce prêtre respecté : cette sauvagerie si visible sur sa tête lui donnant parfois l'air d'un sanglier. A l'époque il avait à peine dépassé la cinquantaine mais pour nous il n'avait pas d'âge, ou plutôt il s'était fixé une fois pour toutes dans son poids, dans sa physionomie et dans ses attitudes, et nous le chérissions tel qu'il était.

Homme assez énigmatique, en vérité, et qui devait avoir à mater en lui des appétits exigeants et orageux. En tout cas – il ne se livrait guère et nous ignorions ce qu'il faisait et ce qu'il allait entreprendre –, nous lui prêtions de nombreux vices : la chair trop choyée, évidemment, et dans nos conversations agitées nous le suspections de maintes débauches.

Je devais le revoir une quinzaine d'années plus tard, au moment où paraissaient mes premiers livres, car il tenait une chronique subtile à *La Liberté*, il collaborait au *Journal de Genève* et il avait manifesté l'intention de me retrouver.

Etrange, d'être en présence d'un ancien maître, surtout quand celui-ci est inoubliable. On se dévisage sans le vouloir, on scrute les gestes de l'aîné qui tente lui-même de lire sur nous, en nous, le passage ambigu du temps. Ce jour-là j'étais allé rejoindre l'abbé Dutoit dans son appartement de Saint-Michel, qui donnait sur un grand jardin ensoleillé protégé par des haies de la curiosité des passants. C'était la fin de l'après-midi, aux premiers jours d'un automne dont j'ai oublié la date exacte, nous étions allés à la fenêtre et nous avions regardé les massifs de fleurs solaires, les arbres, les prêtres qui lisaient leur bréviaire en déambulant dans les allées. L'abbé m'avait fait entrer dans la pièce qu'il appelait son salon, je l'avais reconnue aussitôt, j'y avais rattrapé autrefois maintes dissertations auxquelles j'avais échappé en classe, et pour cause. Il n'avait pas changé. L'œil brillant sous les lunettes, le teint de brique bien cuite, les courts cheveux gris dressés sur les oreilles comme des soies, et surtout cette voix musicienne, ces gestes élégants et intelligents, cette façon de caresser, en passant devant la bibliothèque, le dos de ses livres d'une main affectueuse et rouge. Car il aimait parler debout, arpentant la pièce à pas courts, une habitude de prêtre et de professeur – le sermon en chaire, la leçon – et mon regard amusé le suivait dans son va-et-vient devant ses reliures et ses tableaux, comme il le suivait en classe et à Saint-Canisius, lorsque c'était son tour de dire la messe dans la grande église du collège. Nous avions parlé de mes livres (il m'avait longuement questionné sur ce qu'il appelait mon baroquisme), puis il m'avait pris le bras et conduit par les petites rues animées au restaurant français du Buffet de la gare, « où l'on mange le meilleur gibier de Fribourg », me confiait-il en marchant, comme on livre un secret, d'une voix émue et retenue : en effet la saison de la chasse commençait, le dîner avait été succulent, les vins étaient fins et francs – l'abbé avait appelé le maître d'hôtel à trois ou quatre reprises et le garçon, un peu effaré de servir un prêtre capable de cet appétit, avait rapporté plusieurs fois de belles tranches de cuissot de chevreuil et de petits plats de purée de marrons que mon ancien maître engloutissait tout en devisant de Saint-John Perse, qu'il admirait sans réserve, et de Francis Ponge, qu'il aimait peu, tout en se rinçant la bouche au pommard.

Il m'avait raccompagné jusqu'au quai de L., j'avais pris le dernier train du soir : au départ, penché à la fenêtre de mon compartiment, je regardais la silhouette de l'abbé Dutoit s'amenuiser, immobile, dans le clair-obscur de la gare.

Je devais le revoir dans les années soixante-dix, j'étais monté à son minuscule appartement de la rue Guillimann, il était essoufflé, amer, il avait vieilli, cette fois, il m'avait parlé de sa maladie de cœur, de sa pénible dernière année à Saint-Michel, juste avant sa retraite, du mal que ses collègues lui voulaient en l'isolant et en le critiquant très haut pour lui faire payer son pouvoir de naguère... Il n'avait plus qu'un seul ami de son âge, Jacques Chenevière; les deux vieillards, aussi mal en point l'un que l'autre, se téléphonaient plusieurs fois par semaine. Ah, que j'eusse voulu écouter, que j'eusse voulu enregistrer l'une de ces conversations d'avant la tombe! Jacques Chenevière bredouillait très bas, sa voix était devenue un râle glaireux, l'abbé Dutoit s'essoufflant dans l'appareil à faire le compte de ses malheurs... A la fin de sa vie, Chenevière se plaignait sans cesse d'être oublié par ses éditeurs, abandonné par ses rares amis encore vivants, complètement ignoré des libraires et du public. Les deux geignards avaient pris l'habitude de se rencontrer à Nyon, à mi-chemin de L. et de Genève, et ces petits trajets en train étaient pour eux de difficiles expéditions auxquelles ils se préparaient anxieusement. Ils sont morts l'un et l'autre, aujourd'hui. Dieu ait leur âme! Je relis souvent *Domaines*, le recueil des chroniques d'Ernest Dutoit, et *Les Captives* de Chenevière. Non, ma fidélité n'a pas cédé d'un pouce.

Un détail me revenait, devant ma troisième chope, proposée aussi civilement que la précédente à ma soif de faux grippé par la serveuse amadouée. Lors de notre dernière rencontre, rue Guillimann, j'avais commis l'étourderie de parler du père Bruckberger, que je voyais souvent en ce temps-là, et mon hôte avait crié des paroles de blâme à l'endroit du combatif dominicain. « Un excloîtré, fulminait-il en étouffant de colère dans son fauteuil. Et qui écrit n'importe quoi! Non, décidément, je n'admettrai jamais les beaux discours de ces prêtres fornicateurs! » Le visage de l'abbé était devenu violet, ses mains se crispaient, se figeaient sur les accoudoirs de son siège... Je n'avais pas jugé nécessaire de polémiquer : en prenant le parti de Bruckberger, j'aurais précipité la fin de l'abbé Dutoit, et ce n'était pas son heure.

En fait d'heure, il était grand temps de téléphoner, maintenant. De téléphoner à Anne-Marie. Du courage, Jonas! La voix pâteuse? Le cognac voyageant du sommet du crâne aux dernières veinules des pieds? Mais je dompte très bien mon élocution, au téléphone, personne ne décèlerait le moindre taux d'alcoolémie dans mon modeste système, à m'entendre articuler d'une voix maîtrisée, souple, engageante, les messages les plus futiles et les plus graves.

Voilà. Faisons une halte aux toilettes. Prenons notre temps. Rinçons-nous le visage et les mains à l'eau fraîche. Rinçons-nous la bouche, aussi, crachons la première goulée, rinçons-nous une seconde fois et avalons un peu de cette eau bénéfique. Puis déboutonnons notre chemise, essuyons nos aisselles à l'aide de notre fidèle mouchoir, reboutonnons-nous et tendons nos mains, encore un instant, à l'excellente eau de ce robinet. Le lavement des doigts et des paumes... Le geste purgateur du Christ à genoux devant la cuve, aux pieds empoussiérés de ses apôtres.

J'avais l'appareil du téléphone à la main, et le bottin de Fribourg ouvert devant moi sur la tablette de verre. J'étais tout de suite tombé sur elle. Elle portait toujours son nom de jeune fille, Béliot, Anne-Marie Béliot, elle habitait rue de Lausanne comme par le passé. A côté de son nom figurait la mention : professeur.

Je composai le numéro et attendis peu. Elle avait répondu à la troisième sonnerie.

– Béliot?

Sa voix basse et jeune. J'étais désarçonné. Jonas, toi que Dieu lui-même porte dans le ventre de la Bête... Je plongeai.

– Bonjour Anne-Marie. C'est Jonas. Jonas Carex. Tu ne m'en voudras pas de te déranger un samedi matin? Je voudrais...

Elle m'interrompait, sans inquiétude, mais sa voix trahissait son étonnement incrédule.

– Vous dites que vous êtes Jonas, monsieur, Jonas Carex. Seriez-vous le Jonas que je connaissais... il y a trente ans? Et d'où me téléphonez-vous?

J'avais noté sa légère hésitation à faire le compte exact du temps. Comme si le temps ne signifiait plus rien, ou très peu, après toutes ces années de séparation et d'ignorance l'un de l'autre.

– Oui, Anne-Marie, je suis le Jonas d'il y a trente ans. Je t'appelle du bar de l'Hôtel de la Rose, tout près de chez toi. Je suis à Fribourg pour quelques jours. J'aimerais te rencontrer, t'écouter parler, te parler, Anne-Marie.

Un silence. Puis :

– Je me demande si vous n'êtes pas un fou, disait-elle tranquillement. D'autre part je reconnais votre voix, votre façon lente de vous adresser à quelqu'un, oui, ce débit un peu solennel...

Encore un silence. Et cette question brusque :

– Vous avez bu?

Elle se souvenait trop bien de moi.

– Mais non, grand Dieu, je n'ai rien bu. Boire à cette heure de la matinée? Une dégoûtation. J'ai tout juste commandé une petite bière au comptoir du bar, un prétexte pour te téléphoner d'une cabine convenable. C'est le marché : les cabines publiques sont assiégées. Voilà. Crois-tu que nous pourrions nous revoir?

– Mais pourquoi pas, dit-elle avec simplicité. Si vous y tenez vraiment. Au fait, quelle heure est-il? Ah oui. A peine onze heures. Au fait, ça m'ennuie de redescendre au marché. Pourquoi ne viendriez-vous pas prendre l'apéritif chez moi? Si vous êtes Jonas Carex, vous connaissez le chemin. Et maintenant je suis certaine que vous l'êtes.

Elle raccrocha. Comme c'était elle, cette brusquerie dans les circonstances les plus détendues! J'achetai une bouteille de chambertin à la serveuse et je gagnai la rue de Lausanne à petits pas. Aucune angoisse. Pas de fausse honte à me souvenir du passé : tout ce que j'avais fait endurer à Anne-Marie... L'air était frais, froid même, à l'ombre, mais la lumière de la fin de novembre mettait des reflets de miel sur les façades et sur les toits. La bouteille de chambertin pesait agréablement sous mon bras gauche, je ne transpirais plus, j'étais léger et heureux.

Voici l'immeuble. Une belle maison du XVIIIᵉ, à la porte et aux fenêtres surmontées de motifs taillés dans la molasse verte. J'ai poussé si souvent cette porte que je me sens ici chez moi. Je reconnais l'odeur de la cage d'escalier, et dans l'entrée déjà, un peu âcre, celle qui monte du sous-sol et des caves. Troisième étage. La sonnette est toujours grêle, comme fêlée, sur fond d'opéra de Mozart. *Idoménée*. Rien n'a changé, décidément. On a stoppé la cassette, on marche dans le vestibule. Lentement on ouvre la porte. Anne-Marie.

Je reste silencieux. Elle se tait. Nous nous dévisageons sans hâte, à peine un imperceptible tremblement de ses lèvres a-t-il, une seconde, révélé son émotion. Elle sourit, maintenant.

– Mais entre! dit-elle.

Et je suis content qu'elle me tutoie à nouveau.

– Viens. On va s'asseoir côté Sarine. Il y a plus de lumière. Le soleil sur les falaises et sur Montorge...

L'appartement a été refait à neuf il y a peu de temps, me semble-t-il. Les vieux meubles sont demeurés à leur place mais à la paroi passée au blanc de chaux il y a un macramé gris et or, un batik bleu et une lithographie de Chagall de la série des illustrations de l'Ancien Testament. Il y a aussi une photographie que l'on n'a pas fait encadrer, elle est posée sur un bahut de cerisier, au coin de la pièce, appuyée à la paroi blanche. Anne-Marie s'est absentée à la cuisine, elle va revenir avec des glaçons et des verres :

je marche dans la pièce, je vais des fenêtres au Chagall, plusieurs fois je me suis arrêté devant la photographie, elle m'attire, elle me repousse, elle me trouble curieusement quand je m'approche d'elle, la regardant intensément, comme on scrute un palimpseste, pour tenter de retrouver l'écriture effacée sous le nouveau dessin du texte. Comme je me penche une nouvelle fois sur cette photo, Anne-Marie revient portant un plateau chargé de verres, de glaçons, d'olives vertes et d'une bouteille d'absinthe très innocente dans cette maison amie. Mais la photographie debout contre la paroi m'obsède, j'éprouve une espèce de vertige lourd à la regarder, même à la dérobée, et quand je lui tourne le dos elle continue à me faire souffrir.

Et qu'y a-t-il sur cette photo? Un visage d'enfant, d'adolescent, plutôt, dont les yeux, le front, la bouche sont d'Anne-Marie. Mais l'enfant a de grosses oreilles, un nez déjà épais et courbé, et je sais à qui appartiennent ce nez et ces oreilles, oui j'ai reconnu tout de suite certain odieux visage sous la candeur de l'image. Je le sais mais quelque chose, une sorte de mauvaise force en moi m'interdit de poser la question qui me reste dans la gorge.

– Asseyons-nous, dit Anne-Marie doucement, elle affecte de n'avoir pas remarqué mon trouble mais je suis certain qu'elle lit en moi comme elle l'a toujours fait.

Elle verse l'absinthe, puis l'eau, immédiatement le contenu translucide du grand verre se change en breuvage glauque à reflets dorés dans cette lumière, je songe à l'eau du fleuve et dans quelques minutes, j'irai ouvrir une fenêtre pour entendre son mugissement dans le cañon, sa rumeur sur les pentes et les abrupts. Eau, lave-nous! Nettoie mon cœur étranglé dans mon corps trop faible et dans mon âme en peine! Ah mon Dieu, pour moi l'indigne, rappelle-

Toi les paroles de pénitence : « Humain, trop humain »!

J'ai refusé le glaçon qu'elle me tendait à l'aide d'une fine pincette. Je mange une olive, je suce longtemps le noyau, je ne sais pas trop où le déposer sur cette petite table. Mais oui. Dans la soucoupe du verre d'absinthe. Verre à moitié vide, quant au mien, car j'aime l'absinthe et je ne puis m'empêcher d'en absorber de larges gorgées. L'absinthe agit plus vite que le cognac, et elle visse à la base du crâne, sur les tempes, un anneau obsédant et intelligent qui envoie dans le corps du sujet des ondes de fureur bienveillante et attentive.

– Tu dessines toujours, Anne-Marie?

Elle remplit mon verre à nouveau.

– Qu'est-ce que tu crois? Je n'ai pas le temps, avec mes cours. Quatre classes terminales à Sainte-Croix. Quinze ans que j'y enseigne, maintenant. Si je continue, et j'ai envie de continuer, je vais devenir une vénérable doyenne.

– Et qu'est-ce que tu enseignes?

– Le français, un peu de philo. Enfin, un peu... Un poste complet, quoi. Ce qui explique que je ne dessine plus. Et je ne peins pas. Plus d'estampes. Non, mais je vais aux expositions, je passe souvent à l'atelier de Yoki, dans la Basse, et je connais Schorderet de mieux en mieux. Tu te souviens? C'étaient nos copains, à l'époque.

Un silence. Elle rêve un peu. Ses yeux très sombres sont comme voilés. Une mèche mêlée de noir et de gris argenté lui balaie le front, qui a légèrement rougi depuis que nous nous sommes assis. Est-ce que l'absinthe?... Et je me reproche immédiatement cette idée vile. Elle, comme si elle poursuivait son rêve :

– Oui, Jonas (c'est la première fois qu'elle prononce mon prénom, ce matin), un poste complet. Mais les sœurs sont gaies, ça bouge, c'est drôle de partager leur repas de midi, et les gamines aussi sont très animées et amusantes. Bref, la journée, je n'ai pas un instant de répit.

(J'ai noté au passage qu'elle disait gamines, et pas jeunes filles, c'est qu'elle est tout à fait dans le coup.) Et comme si elle s'en voulait de ne parler que d'elle :

– Et toi, Jonas, tes livres, tes tableaux? J'ai tes romans ici, bien sûr, sauf ceux que j'ai prêtés aux élèves et qu'elles ne m'ont jamais rendus. Ce qui signifie qu'elles les aimaient! Et toi, dis-moi, est-ce que tu voles encore des livres?

Elle riait de mon air peiné. Comment lui expliquer que je me suis lassé puis détaché de mes romans, de l'écriture, des libraires, des éditeurs?... Comment lui avouer que j'ai abandonné le commerce des tableaux, que la passion de la peinture m'a quitté, que je ne fréquente plus les expositions, ni les artistes, ni les marchands d'art, et que j'ai revendu à bas prix la plupart des pièces de la collection que j'avais travaillé vingt ans à réunir? J'étais devant toi un corps vide de sa substance, Anne-Marie, un corps mort auquel tu ne devais accorder aucune attention. L'homme fini. Le raté grillant ses derniers fonds en vasouillant dans la métaphysique, devant divers alcools habiles à le détruire. Te parler de mes livres, Anne-Marie, de ces romans que je passais des mois à écrire dans de belles batailles? De ces dessins, de ces peintures que je guettais des semaines dans les galeries de mes concurrents, un jour la plus convoitée d'entre elles était à moi, je l'emportais aussitôt et je la plaçais sans tarder parmi de nombreuses œuvres choyées, à la paroi de mon bureau. Un corps mort, Anne-Marie. Et plus gravement, plus sourdement dans ma fibre, une âme morte. Voilà ce que j'étais venu te dire à Fribourg, après trente ans de distance et de silence. Et que j'étais divorcé, que ma femme s'était remariée depuis longtemps, que j'avais deux fils que je n'avais pas vus depuis des mois. Me croirais-tu, Anne-Marie, si je te parlais? Si je te racontais mes déserts? Mais à quoi bon te dire ces choses? Quoi? La chair des femmes? Oui et non. Les prostituées, les compliquées, oui. Pas trop souvent. Il y a trop à boire, trop à regretter, trop à merdoyer sur tout et sur rien dans les cafés où je m'écroule. Les autres femmes, les indépendantes, les lycéennes, les nostalgiques de mai 68, les étudiantes – les intellectuelles, pour simplifier : j'en ai ma claque. Jonas dans le ventre d'une gauchiste! Je voudrais t'en convaincre sans avoir à te parler, Anne-Marie. Voilà : après mon divorce je suis resté des années sans désirer une seule femme, une seule jeune fille, et elles ne manquaient ni les unes ni les autres, femmes agitées et petites délurées, dans les établissements où je traînais. Un poème me revenait bien malgré moi à la mémoire, que Jonas Carex avait écrit, coléreux et dépité, des dizaines de siècles après son prédécesseur devant l'Eternel, le sombre prophète Isaïe :

J'ai crié contre les filles de Jérusalem
Ces crocus sales
J'ai brandi l'image de leur tête chauve
Et toutes ceintures dénouées
Je les ai promenées sur les places où s'assemblait
[la foule des justes
Pour injurier leur peau ternie par le péché

Anne-Marie me regardait sans étonnement.

– Comme tu ressembles au Jonas que j'ai connu. A tenter de lire dans tes pensées – et tu sais que j'y parvenais souvent –, il me semble que je retrouve ce que j'imaginais de ma vie, de notre vie, en ce temps-là, tout ce qui allait faire de nous ce que nous sommes aujourd'hui. Et l'un sans l'autre. Sans *quelques* autres, ajouta-t-elle dans un souffle, et je ne saurais dire pourquoi, il me sembla à cet instant qu'elle jetait un coup d'œil à la photographie debout contre la paroi sur le meuble de cerisier.

Oui. En disant très bas ces derniers mots, elle avait eu un regard rapide, et comme angoissé, pour le visage contradictoire de l'adolescent qui m'avait attiré moi-même il y avait une courte heure.

Je finissais mon second verre d'absinthe, elle se levait, marchait sans bruit vers l'angle de la pièce où se trouvait la photo, maintenant elle s'arrêtait devant l'image du garçon. J'avais reposé mon verre sur le plateau, et je me tenais immobile derrière elle. Je la tenais aux épaules.

– Anne-Marie, qui est-ce?

– *C'était* ton fils, articula-t-elle d'une voix blanche.

Elle se retourna, me fixa dans les yeux, et s'enfuit à pas rapides au fond de l'appartement. Une porte claqua. J'étais seul.

Je traversai le vestibule, me retrouvai hébété sur le palier et redescendis les escaliers en titubant de tristesse.

En entrant dans Saint-Canisius j'avais été saisi par le tourbillonnement des ors et des rouges chatoyants qui brillaient partout dans le corps de l'église et au plafond, lui aussi dentelé d'or. Lumière des couleurs et des architectures, qui s'ajoutait à celles des lampes du chœur et des cierges qui brûlaient en grappes serrées devant sa voûte centrale à la grille très ouvragée. J'étais inquiet, plein de crainte, et l'angoisse m'étranglait, un an auparavant, quand j'avais fait halte, au rez-de-chaussée du collège, à la chambre mortuaire du saint, le jésuite combattant les protestants d'Allemagne, l'auteur de la *Summa doctrinae christianae*, le fondateur de l'école où j'avais passé deux ans mystiques et forcenés. Portrait de l'artiste en baroque... Puis, toujours dans cette étrange chambre, j'avais détaillé longuement deux grandes peintures, *l'Archange saint Michel* – patron de nos baccalauréats –, une œuvre rayonnante de la fin du XVIe siècle, et le portrait de Canisius au regard de flamme, au visage mortifié de cire battue : 1620. Richelieu allait devenir cardinal. A Loudun, sur un bûcher de haute vertu, on brûlerait bientôt Urbain Grandier, curé de Saint-Pierre-du-Marché et chanoine du chapitre de Sainte-Croix.

Mais à la fin de cette matinée de novembre, quelque chose d'autre m'avait appelé dans cette église. J'avais quitté la rue de Lausanne, bouleversé, j'étais monté à la place du Collège, j'avais poussé la porte latérale de l'édifice, celle qui donne sur une ruelle bordée de maisons anciennes parmi le lierre et les arbustes dont certains, les petits hêtres, avaient encore leurs feuilles de cuivre. Puis le chœur et sa haute grille, la nef, le Combat des bons et des mauvais anges... Maintenant une force me poussait à revenir sur mes pas, à gagner le fond de l'église, près de la porte principale toujours fermée, et à me tenir devant la crypte où s'étaient défaits en poussière les restes des deux anciens maîtres dont j'ai parlé. Je m'approchai, et sur la dalle de marbre noir je lus, en grandes lettres blanches :

Hic in crypta quiescunt
Expectantes Beatam Spem
et Adventum Domini

Rev. Dom. RUDOLPHUS JAMBE
professor
MDCCCCI - MDCCCCLVII

et en dessous :

Rev. Dom. ERNESTUS DUTOIT
professor
MDCCCC - MDCCCCLXXXIII

Farine du temps! Leçon de pauvreté et de sagesse! Que devait-il demeurer des deux hommes si généreusement savants qui étaient tombés en ruine dans leur nuit? De leur cerveau plein de sagacité, de leur cœur gonflé de mansuétude, de leur regard posé sur les créatures de l'Eternel avec émerveillement et bienveillance. L'Eternel... Il portait bien son nom, dans la circonstance. J'entendais la toux tyrannique de l'abbé Jambé, je voyais luire ses yeux bleus, j'écoutais la voix mélodieuse d'Ernest Dutoit nous lisant des poèmes, je retrouvais ses accès d'indignation et de colère saccadée. Et aujourd'hui, dans cette crypte, deux squelettes en soutane poussiéreuse – la poussière de l'éternité –, attendant la venue du Maître.

Je ressortis, descendis la rue Saint-Michel, m'engageai dans la rue de Romont et gagnai la gare où je m'assis à la terrasse du Buffet. Un peu plus de midi. Etonnement : il n'y avait pas vingt-quatre heures que j'étais à Fribourg et j'éprouvais déjà un sentiment de dépaysement, de profonde distance à l'égard de L. et de la vie ennuyeuse que j'y menais; en même temps que la joie très pure – une paix menacée, sans doute – à retrouver l'origine dont j'avais été privé tant d'années.

L'air était frais, la lumière jaune, le vin que je venais de commander prenait au soleil mince de novembre des teintes dorées dans sa carafe. Comme d'habitude je rêvais et je réfléchissais en buvant. Je n'avais pas faim. A quoi bon m'alourdir d'un plat du jour ou d'une saucisse, comme j'en voyais avec dégoût aux tables voisines, alors que mon esprit était paradoxalement réveillé par ce climat aimable et ce vin vif? Mais dès que j'étais ressorti de l'église, abandonnant les ors, les roses, les rougeoiements aux rares fidèles de l'après-midi – et mes deux maîtres à leur ombre –, le visage d'Anne-Marie m'était apparu de plus en plus présent, fragile, virginal, farouche, son regard me hantait, et la mèche argent et noir au front clair, et les mots nettement détachés : « *C'était* ton fils » ne cessaient de me hanter dans la clarté de cette heure et de ma mémoire. Mon fils. Mais quoi, mon fils? Un fils d'elle. D'Anne-Marie. Un fils d'Anne-Marie Béliot, étudiante, et de Jonas Carex, lycéen de dernière année. Non, ce n'était pas possible. Elle m'aurait averti, parlé, appelé, et même après notre rupture elle m'aurait aisément retrouvé à Pully. Mais sa fierté? Cet orgueil qui ne veut pas d'aide, qui ne tolère aucune confidence, aucune plainte, aucun appel? J'étais rentré chez moi après le bac, c'était aussi notre rupture – cette séparation sans pleurs, sans drame, dès que j'en avais pris la décision. Etait-elle enceinte à ce moment-là? Elle ne m'avait rien dit pour ne pas quémander, pour éviter ma pitié, pour faire face en solitaire. Toujours l'orgueil. Et solitude pour solitude, autant celle-ci que celle des plaintes, de la macération dans le remords et les reproches. Je t'aime, Anne-Marie. Tu es folle d'avoir vécu seule toutes ces années sans me dire ce secret. Quel était cet enfant, Anne-Marie? Quel était son nom? Comment a-t-il vécu, t'aimait-il, te protégeait-il? De quoi est-il mort? Sur la photographie que j'ai vue chez toi (et que je n'oublierai jamais), il doit avoir seize ou dix-sept ans : l'adolescence. Etait-il élève à Saint-Michel, Anne-Marie? Suivait-il les cours de certains de nos anciens maîtres? A-t-il fait sa philosophie avec le Père Emonet, en première année? Ta mère vivait-elle encore, Anne-Marie, quand il est mort? Comment avait-elle pris cette grossesse, cette solitude, elle, la très catholique, la très respectueuse des vœux et des commandements de l'Eglise. A la naissance de cet enfant c'était encore Pie XII qui régnait à Rome. A cette époque on appelait les filles comme toi des filles mères, et l'on ne badinait pas avec la morale dans les paroisses.

Les filles mères. Anne-Marie Béliot bientôt fille mère, étudiante en lettres, elle suit les cours du Père Bochenski, on voit son ventre qui enfle sous la robe de velours (tu la portais encore, j'en suis sûr, cette robe un peu folle que j'aïmais). Oui tu as vu son gros ventre, la salope, oh, tout finit par se savoir, n'est-ce pas, elle croyait pouvoir faire la mijaurée, la petite sainte, toujours à se pavaner avec ce type de Saint-Michel à moitié soûl qui injuriait les personnes honnêtes. Parce que ça fait des études, ce beau monde. Des intellectuels, n'est-ce pas. Triste siècle. Enfin. Ils ont ce qu'ils voulaient, maintenant. Il a foutu le camp, et elle attend son gosse toute seule. Nous, c'est sa mère que nous plaignons. La malheureuse. Comme si elle n'avait pas porté sa croix à la mort de son mari, et après...

Et moi Jonas, *che poverino*, vidant à petits verres ma carafe de vin blanc, j'entendais ces saletés et j'imaginais les avanies qu'Anne-Marie et sa mère avaient subies toutes ces années. Et l'Université si stricte, les examens, la nomination à Sainte-Croix... Une intellectuelle? Non, Anne-Marie n'était pas une intellectuelle, au sens que je donne à ce vilain mot dans mes colères, au sens où les mauvaises langues le jettent à la tête des gens moins stupides, moins lâches et moins laids que les batraciens de bénitier. *Mentem et manus et pedes tuos lavabo...*

Deuxième carafe de vin blanc. Troisième carafe. Le soleil décline rapidement, il commence à faire froid, c'est l'humidité du fleuve qui gagne la ville, comme hier à la même heure, elle remonte les pentes au-dessous de Pérolles, elle me fait songer à nouveau à l'hiver qui vient. Quelle neige, il y a trente ans. Le vent, tôt le matin sur la Glisse verglacée, c'est le large trottoir en face de la gare, on regarde passer les filles de Sainte-Croix qui rient tout le temps et les belles Américaines des pensionnats, on fait son choix, on décide d'en aborder une, demain, et demain passe, et après-demain, pas d'abordage, les jeunes filles rient toujours aussi haut et la cloche de Saint-Michel sonne déjà.

J'avais payé, déambulé sans hâte dans les rues, bu plusieurs kirschs au Café du Midi, pénétré dans l'église des Capucins, rue de Morat, puis j'étais redescendu place du Tilleul et je n'avais pu résister au besoin de paresser encore un peu, à une table du Café du Gothard, où j'avais passé d'heureux moments ce matin même. C'était la table d'où j'avais aperçu Anne-Marie, et alors j'ignorais, imbécile, la naissance et la mort de notre fils. « *C'était* ton fils. » Et ces mots lourds pesaient en moi plus sévèrement, à mesure que le temps passait et que je recommandais à boire.

Dieu que le restaurant rutilant du Duc Bertold convenait mal à mon humeur, ce soir-là. Qu'étais-je venu faire dans cette galère? Tant de gens élégants ramant sottement autour de moi, gonflé de tristesse, et ce menu trop riche, la carte surchargée, et ces garçons de paquebot de luxe jonglant avec les assiettes et les plats... Je m'étais levé, l'air distrait, abandonnant mes couverts, j'avais gagné la porte le plus discrètement possible et j'étais ressorti de l'hôtel dans la nuit mouillée. C'est bien connu, il ne faut jamais manger où l'on dort. Vite un trou crasseux et sinistrement fréquenté, un mauvais lieu digne de moi! Je remontai la rue du Pont-Suspendu et entrai au Café de la Poste. Une odeur de sueur, de vinasse et de parfum bon marché me suffoqua, je m'assis à une table collante où sommeillaient deux grosses femmes dépoitraillées. Tétines flasques dans le nylon rose. Autres poitrails à d'autres tables. Regards flétris de faux durs devant leurs petits verres de calva.

Le patron approchait en s'essuyant les mains à son tablier graisseux.

– Et pour monsieur, ce sera?

Insistance se voulant ironique sur le mot monsieur. Epais accent suisse allemand. Voix rauque des ivrognes fumeurs de foin avachi.

– Ce sera une chope-cognac, s'il vous plaît.

Je salivais d'impatience : laver ma langue, ma bouche, ma gorge, et mon crâne éprouvé, et tout mon corps qui transpirait déjà dans la touffeur... Décidément le décor et ses personnages étaient à ma convenance. J'étais chez moi, cette fois. Et sans doute les vaillants alcools allaient-ils être à la hauteur de cette maison élue. Merde. C'était exactement ce qu'il me fallait, ce soir, après les tribulations de cette belle journée. Une journée pleine. Une de plus. Je m'absorbai dans la consommation de ma chope, bientôt suivie de plusieurs autres bières-cognacs, et je m'aperçus que j'avais faim. Le tablier graisseux me proposa un sandwich au salami, il était bon, ce sandwich, contre toute attente, et j'en demandai un second. Peut-être le cognac, ce puissant anesthésiant de nos papilles, tuait-il le goût de la viande morne et du beurre rance. En tout cas je mangeai de grand appétit, remerciant le Créateur de m'avoir mis au monde et de m'y nourrir ponctuellement. En même temps j'avais honte de ces moqueries en me rappelant la parole de feu du catéchisme de mon adolescence : « L'Eternel regarde au cœur. » Encore une chope-cognac pour faire passer cette brûlure.

... Jonas percé au cœur par ce regard invisible. Jonas solitaire et sereinement triste dans le ventre du café sordide. Il se rappelle les trois jours du voyage immobile dans la baleine. Il a lu les exégètes, naguère, quand il écrivait ses livres et que son nom lui était particulièrement odieux sur la couverture du roman fêté. Trois jours dans les ténèbres du Gros Poisson, comme dit quelquefois la Bible, et les trois jours du Christ au tombeau. Le sauvetage de Jonas au bout de trois jours de macération et d'errance dans les flots (les traductions modernes du Prophète disent : « ... Dieu ordonna de *recracher* Jonas », les textes plus anciens : « Dieu commanda au monstre de *vomir* Jonas... »), et les trois jours du Crucifié dans la tombe de pierre. Trois jours. Jonas, Jésus arrachés au monde, et passé les trois jours dans la mort, la résurrection à la lumière que Dieu voulait pour eux dans l'éternité. Naissance, d'une femme de fibre et de chair, privation, séparation des choses de ce monde, emprisonnement dans les ténèbres inhumaines d'un in-pace coureur des mers – et mort infamante pour la créature de Dieu la moins coupable d'infamie qui fût jamais. Jonas, préfiguration du Christ à sept siècles près? Sept siècles, et plus...

Vomir Jonas. A propos de vomir, à deux mètres de moi, l'un des légionnaires à la flan est en train de dégueuler entre ses jambes sous la table. L'odeur acide du vomi me pique les narines. Borborygmes, râles, nouveaux jets rougeâtres, relents de décharge publique et d'abattoir. Tripes et boyaux. Et tu t'y connais, Jonas, en ces domaines, intimement physiologiques. N'as-tu pas sondé la tuyauterie de ton submersible, bu les sucs amers de ses digestions, écouté ses excréments glougloutants se hisser vers la délivrance, bondi aux cognements du cœur vénéré et détesté, comme à l'appel de Dieu lui-même? Et ces régurgitations médiévales dans les entrailles du *Jet de la baleine* t'effraieraient, pauvre égaré?

Décidément je commençais à comprendre. J'y avais mis mon temps, Seigneur.

Naissance de Jonas (789-749 av. J.-C.), d'une femme trop humaine, la salope. Désobéissance à Dieu, feinte, mensonge, délit de fuite, punition de trois jours dans la prison d'une géante – résurrection en pleine lumière.

Nativité sainte de Jésus, incarnation de la Parole, miracles divers, exécution à la romaine au Golgotha, trois jours de tombe noire – résurrection *in aeternum*.

Ô Jonas, figure et fils du Christ à travers les siècles.

Le patron fermait. Que m'importait de retrouver la nuit spongieuse et brumeuse, porté que j'étais par ces pensées vivifiantes? Je marchais lentement dans l'ombre, suivi par mes deux grosses commensales – je crus comprendre qu'elles ricanaient en me traitant de puceau, de voyeur et de flic. Voix pâteuses sur rumeur de fleuve. Beauté de l'ombre. Joie sous les insultes à peine retenues de mes pochardes. Ces crachats coléreux me faisaient rêver éveillé, comme les vomissures rougeâtres, il y avait une heure, sous la chaise du héros de la Légion. Rassurez-vous, fantômes et bovins du bouge. Et toi rassérène-toi, mon âme. De toute façon le temps viendra où nos carcasses, à vous et à moi, se seront disloquées dans la terre meuble des cimetières de Saint-Léonard ou du Bois de Vaux.

C'était encore un autre employé, à la réception du Duc Bertold, un étudiant, sans doute, qui se faisait un peu d'argent, il se leva de son lit de camp au fond du bureau, près de l'avertisseur désagréable qui venait de retentir quand j'avais sonné à la porte de l'hôtel, et il me tendit mes clefs avec dégoût. En fait, ce soir, en sortant, je n'avais pas revu la dame qui ressemblait à Grace de Monaco, elle avait été aimable avec moi derrière ses grosses lunettes épaisses, et j'étais incapable de me rappeler qui répondait au téléphone et à la clientèle quand j'étais entré au restaurant, sur la droite du hall d'entrée, au début de cette riche soirée. Voilà ce qui m'occupait brièvement, comme j'appelais l'ascenseur et montais à l'étage orné de ma chambre. C'est l'habitude de la méditation métaphysique, sans doute.

Donc ma chambre. Premier mouvement, entrouvrir la fenêtre, écouter la Sarine, manger dans mes poumons une part de cette nuit pleine d'eau et de brume. Respiration. Ma solitude. Dérisoire. Deuxième mouvement, ouvrir le frigorifique, en sortir les petites bouteilles de whisky, le verre, la glace. Boire allongé sur mon lit, les yeux au plafond, faire le vide en sachant que je suis désert, que je suis vide depuis des années. Deuxième whisky. Mon regard rencontre le bottin du téléphone sur une tablette à côté du lit. Et si j'appelais Anne-Marie. Je fais le numéro de la réception. J'imagine la tête de l'étudiant, à son grognement; il me passe Mme Béliot.

– Anne-Marie? Bonsoir Anne-Marie. C'est Jonas. Pardonne-moi...

– Te pardonner quoi? Mais où es-tu?

La voix est nette malgré l'heure. Réveil rapide. La transparence. Je crève d'envie d'en avoir autant.

– Au Duc Bertold. Deuxième étage. Chambre 27.

– Tu n'as pas l'air bien, Jonas. Tu as bu? Pourquoi m'appelles-tu?

– Pour notre fils. Pour toi. Pour moi. Si j'ai bu? Ce que j'ai fait? J'ai rôdé. J'ai tenté de retrouver le ventre de la baleine. Je ne l'ai pas trouvé. Ou retrouvé seulement par instants. Je suis encore loin de la mort initiatique et de la nouvelle naissance, Anne-Marie!

– Tu es triste, Jonas. Je le sais à ta voix. J'aurais dû cacher cette photographie. Ne pas te parler de ton fils. C'est toi qui dois me pardonner. Ma brutalité, cette maladresse... Qu'est-ce que tu fais en ce moment?

J'avais noté qu'elle n'avait pas dit *notre*, mais encore une fois *ton* fils. La tristesse cristallisait. Elle était éparse tout à l'heure, fluide en moi comme cette nuit de novembre, elle se fixait, maintenant, elle prenait forme, elle pesait.

– Ce que je fais? Je bois du whisky et je rumine ma pauvreté. Oui je suis un pauvre vivant et si ça continue, cette comédie, je serai bientôt un pauvre mort. Je porte ma croix, Anne-Marie. Mais la pente du Calvaire est trop longue. Toute hérissée de pierres coupantes. Et au sommet, le rocher. Mon rocher. Qui m'attend depuis vingt-sept siècles. Tu vois, je pense à la baleine et au Golgotha, cette nuit. Golgotha : « le lieu du Crâne », Anne-Marie.

– Jonas, je viens te rejoindre.

– Me rejoindre? Mais tu es folle!

Vingt minutes après elle était là. Ce qui m'avait donné le temps de me rafraîchir à la salle de bains (*manus tuas et os et oculos tuos lavabo*, ça devenait une obsession) et de boire un nouveau whisky. Anne-Marie. L'étudiant de la réception annonçait sa visite d'une voix exténuée.

Elle avait frappé modestement à ma porte.

J'ouvre. Elle entre, elle est en noir, des colliers indiens à plaques ouvragées d'argent brillent sur sa poitrine. Elle est belle. Elle s'assied dans l'un des fauteuils de cuir, elle se relève, elle va à la fenêtre qu'elle ouvre entièrement.

– Jonas.

Et elle se met à parler, tournée vers la nuit, parfois je dois deviner ses paroles, c'est un murmure mais je ne distingue aucune impatience, aucun reproche, aucune angoisse dans ce qu'elle dit.

Puis elle se tait un instant, et elle reprend :

– C'est moi la coupable, Jonas. Je ne t'ai jamais rien dit, jamais fait signe, et ce matin je me suis tue. C'est ma faute. Tout est ma faute...

Un silence.

– ... Il y avait aussi la peur de me voir rejetée : comme tu l'avais fait quand tu as quitté Fribourg. Tu m'avais blessée, je me suis fermée, barricadée dans ma solitude – je me suis tue, je te l'ai dit. Et cela : c'est aussi *ta* faute. Tu as été lâche et cruel avec moi. Aie pitié de toi, Jonas... Voilà. C'est tout. Maintenant parlons d'autre chose.

Je suis assis au bord du lit, j'écoute en moi ce qu'elle vient de dire. Elle m'a rendu la paix en quelques mots. Elle referme la fenêtre, tire les rideaux, éteint la lampe de chevet. J'entends qu'elle se défait de sa robe, de ses colliers, et elle s'étend dans l'ombre auprès de moi. Le temps n'est pas. Trois fois dix ans n'existent pas. Et au regard de vingt-sept siècles...

Au moment où ma langue pénétrait dans la bouche d'Anne-Marie et touchait sa langue, où ma bouche buvait son souffle, je me souvins de l'avertissement de saint Matthieu rappelant la menace du Christ, qui fouaille le séducteur d'un enfant : « ... Il vaudrait mieux pour lui qu'on lui attache au cou une meule de moulin, et qu'on le jette au fond de la mer. »

Trompeur, renégat de mon fils vivant et mort, cette nuit-là je fus jeté au fond des eaux et j'eus l'abîme en moi, le gouffre marin où fuir ma disgrâce, dans le plaisir et dans le sommeil d'Anne-Marie.

III

Le Christ-Poisson

ICHTHUS, le poisson. L'idéogramme de *Iesous Christos Theou Uios Sôtêr* : Jésus-Christ, Fils de Dieu, Sauveur.

Les poissons de Tabgha, en Israël, la mosaïque dans l'église de la Multiplication des Pains et des Poissons.

Le poisson des catacombes, partout présent aux premiers chrétiens, signe, symbole, témoin de leur foi et de leur martyre. Le poisson du Lévitique, mangeable à l'exception de tous les autres animaux de l'eau. Le poisson du repas eucharistique, le poisson né de l'eau du baptême, le poisson de vie et de fécondité, le poisson intuitif, le poisson médium, le poisson synthèse de la tête et du corps, pour saint Bernard, le poisson des rêves : le poisson qui nage et qui entraîne le rêveur dans sa paresse ou dans sa fuite, le poisson muet, le poisson parent de l'oiseau qui évolue dans les airs, le poisson se servant de ses ailes-nageoires pour fendre l'élément liquide attirant et dangereux à ma conscience.

Le poisson de la Pêche miraculeuse, le poisson de saint Pierre le pêcheur. Jung : « D'un point de vue psychologique, l'identification avec les ancêtres humains et animaux signifie une intégration de l'inconscient, plus précisément un bain régénérateur dans la source de la vie où l'on redevient poisson, c'est-à-dire inconscient. » Aeppli, qui vient de citer Jung dans *Les Rêves*, et qui retrouve immédiatement la parabole et la légende du prophète puni : « ... celui qui doit passer par une profonde transformation, comme jadis le légendaire prophète Jonas, est englouti pour quelque temps par son inconscient, par ce grand poisson à gueule de baleine. C'est sous un aspect rénové qu'il sera rejeté vers les clairs rivages d'une nouvelle conscience ». Mort et résurrection du coupable, de l'infâme, et ce passage au plus profond de nos propres eaux.

Le fœtus, poisson porté dans la matrice. Perdre les eaux, avant l'accouchement – avant la nouvelle naissance.

Ichthus et les premiers fidèles : les catacombes, cimetières souterrains, donc enfoncés profondément sous le sol comme Jonas dans son poisson s'enfonce sous la surface des flots.

Et les locutions du poisson...

Il avalerait la mer et les poissons.
Ni chair ni poisson.
Petit poisson deviendra grand.
Etre comme un poisson dans l'eau.
La sauce fait passer le poisson.
Finir en queue de poisson.

Et les proverbes :

Les gros poissons mangent les petits.
Jeune chair et vieux poisson.
De petite rivière, grand poisson n'espère.

Il y en a tant d'autres... Et le gros poisson bleu avalant un Jonas à la robe d'or, une enluminure de la Bible Porta, à la Bibliothèque cantonale et universitaire de L., un manuscrit de la fin du XIIIe siècle.

Et le brochet chatoyant dans la main gauche de saint Ulrich, patron d'Augsbourg, peint par Burgkmair l'aîné en 1510. C'est l'une des ailes du grand retable de Burgkmair, le panneau le plus chargé de sens du triptyque. *Flügel eines Altares* : l'aile, ou les nageoires ailées emportant notre corps terrestre par le miracle de notre regard, Ulrich au poisson doré, cette offrande venue du fond de l'élémentaire et des âges, et l'élu s'appuie sur sa crosse qui unit le service de Dieu aux écailles rayonnantes du poisson sauveur.

Et l'astrologie : les interprétations, les passions, les doutes, les haines. Le Père Cormier, donnant des cours dans notre classe en remplacement de l'abbé Jambé, qu'une grippe clouait au lit :

– Vous croyez à l'astrologie, mon fils? Ce n'est pas votre faute, mon fils, mais je vous plains. Vous êtes né protestant, n'est-ce pas? Les protestants n'ont pas de dogme, ils sont exposés à l'erreur, aux déviations pseudo-spirituelles, aux ersatz de la foi, à la fascination des sectes...

Mais le poisson double de l'astrologie, mon Père, les deux têtes, les deux corps inversés – une tête dans l'élément physique, dans l'humide, dans le corps charnel, l'autre tête fascinée, captée par la vie de l'esprit, par les mystères et les pouvoirs de la transcendance.

Signe double, signe complet. Signe tétant l'eau de l'origine et buvant l'air, les nuages, le ciel. Je ne l'oubliais jamais quand je me couchais sur le corps inverse d'Anne-Marie, le visage, la bouche entre ses cuisses, j'imaginais sa pensée dans l'ombre, la tête libre, l'esprit léger et transparent quêtant le Secret au-delà de notre image périssable et symbolique. Périssable? Peut-être échappions-nous à la mort trop facile en redessinant spontanément les Poissons des anciens cultes, du zodiaque, des grimoires inspirés et des vieux almanachs. Peut-être retrouvions-nous l'image de notre naissance, de notre souillure, et l'intuition lumineuse de notre rachat. Le signe des Poissons : Ichthus-homme écartelé, divisé, *ravi* entre le fini et l'Infini...

Anne-Marie avait quitté ma chambre à l'aube.

Nous avions convenu d'une heure où nous rejoindre, dans l'après-midi, au Café du Gothard, nous nous promènerions au froid soleil couchant, nous irions assister aux vêpres de la basilique. Nous dînerions, nous regagnerions le Duc Bertold et nous nous endormirions ensemble comme la veille. Je n'avais pas envie de sortir, ce matin grisâtre et froid, les cloches des églises sonnaient déjà, je demandai du café par téléphone, je le bus assis devant la fenêtre, regardant la brume ramper par lambeaux phosphorescents sur le fleuve, puis je me remis au lit et je somnolai jusqu'assez tard dans la matinée. Le soleil était roux quand j'ouvris les rideaux que j'avais tirés en choisissant de me rendormir, le paysage brûlait dans cette rousseur chaude qui contrastait si fort avec le froid maladif des petites heures. Les peupliers de la rive brillaient, les roseaux, les saules, la broussaille brunie par la saison avaient des lueurs de cuivre poli, et l'eau dans le cañon se tordait, se partageait en violentes tresses et se précipitait sous des reflets de métal en fusion. De fer qui va fondre, plus exactement, et la brume qui se dissipait en petites fumées dans l'air léger ajoutait encore à cette illusion. Des milans noirs tournaient lentement, très haut entre les rives, je les voyais planer de longues minutes et tout à coup l'un d'eux se laissait tomber à la surface et disparaissait beaucoup plus lentement derrière le couvert des pentes boisées. Guetteurs des poissons du fleuve...

Au Gothard, assis devant une bière-cognac, je demandai *La Liberté*, on m'apporta l'édition du samedi et du dimanche, j'appris donc que ce dimanche 23 novembre nous célébrions saint Clément; le même journal me rappela que nous vivions dans le règne zodiacal du Sagittaire. J'appris surtout, dans les pages du magazine, que le musée d'Histoire naturelle inaugurait à quatorze heures une vaste exposition de champignons où je décidai de me rendre avant mon rendez-vous avec Anne-Marie. Seconde chope-chognac : déjà je rêvais et je réfléchissais, me souvenant des bois d'automne au-dessus du lac de Pérolles, c'est le fleuve qui s'arrête soudain, qui devient cette étendue étrange sous les pentes touffues et sauvages, on marche dans la forêt jaunissante, on regarde des dizaines d'espèces de champignons, on les associe curieusement à des figures d'hommes d'Eglise, oui, le ton évangélique et sacré domine, on a envie de se signer, de se confesser ou de comploter dans les travées des hêtres, des acacias, des mélèzes, des sapins noirs où foisonne le caprice haut en couleur du concile.

Je bus encore plusieurs chopes renforcées, comme on dit ici (la force, ce serait donc le cognac) et à l'heure annoncée, légèrement ivre, j'entrai assez excité au musée. Emerveillement. J'allais d'abord d'un pas rapide de vitrine en vitrine, pour tout voir, pour mettre en place les curiosités de l'ensemble, comme si j'avais voulu m'assurer que rien n'y manquait. En même temps les souvenirs m'assaillaient, d'Anne-Marie et aussi d'autres filles que j'avais emmenées dans cette forêt profonde où les champignons, sous les cris et les appels indifférents des oiseaux, jouaient leur partie bienveillante et maléfique. A nouveau, d'une vitrine à l'autre, je rêvais et je me souvenais. *Capriccio italiano!*

... Une chose était sûre, et l'exposition qui m'exaltait me confirmait dans cette foi : il faut choyer les champignons comme d'autres scrutent les splendeurs vaticanes. Les champignons sont des ecclésiastiques empressés et le blanc, le violet, la pourpre de leur chapeau, ces couleurs liturgiques disent assez le travail de ces zélateurs à gravir les degrés saints jusqu'à la provisoire station en pleine lumière. Devoir, zèle ou privilège, ou vocation fruste, sacré oblige, les costumes chatoient du modeste au somptueux par les stades du gris doré, de l'orange, du mauve, du rose. Ici l'humidité luit et la circonstance moire la splendeur, comportement de ruse qui tempère la hâte de paresse et de désinvolture, qui mue l'ambition de s'accroître, de triompher, en spontanéité fine et enjouée. Aucune supercherie donc, mais la volonté de se montrer sous sa figure la meilleure, dans sa peau elle-même, puis dans sa soutane, dans sa robe, dans son surplis le plus aptes à se fondre en foule immobile et silencieuse où l'on retrouve les seconds passages, les métamorphoses de l'argent au gris, du rose à l'or, et certaine onctuosité voluptueuse à empoisonner et à mordre.

Prélats enveloppant leur matoiserie dans la soie. Evêques violets et violents, chambellans noirs à reflets verdâtres de s'être mirés dans le crime, mitres et tonsures, anneaux, chuchotements, susurrements et conclaves sous l'ogive et la voûte pleine, apartés de frêles et de modestes, retraite aussi d'un sage, d'un pur, d'un innocent vêtu de bure loin des fastes courtisans. Il y a plusieurs forêts dans la maison de mon Père. Le clair et le vénéneux, le rayonnant et l'obscur, l'ouvert et le tramé s'y côtoient, s'y accueillent, s'y évitent, s'y retrouvent de pleine lune en orage, de sécheresse diabolique en pluie bénie.

– Prenez garde et priez, mon fils. Une demi-bouchée de ce monsignor peut vous envoyer en enfer.

– Voyez le miracle, mon très cher fils. Ce spadassin n'est mortel que lorsqu'il change de nom et de couleur. Vertu des signes!

– Celui-ci est un moine obscur. Visqueux, n'est-ce pas. Mais rappelez-vous l'adage. Ne pas se fier à l'habit. Invitez l'élu. Goûtez-y. Sur votre langue, sa bonne parole : vous jugerez vous-même du sermon.

– Celui-ci est un abbé de cour. Insaisissable,

esquivant les coups. Pâle, poivré, le lait de la bienséance ironique...

– Celui-ci se tord pour se cacher. C'est un prudent. Ouvrez-le. Et les humides, les secrets, les prédicants, les nonces en terreau et val étrangers, les évangélistes des jachères... Tout un concile ici réuni, avec ses ombres, ses lenteurs, ses fadeurs, ses lames, ses inquisiteurs, ses cilices, ses moiteurs, ses saignements, ses conspirateurs bagués de venin, ses observateurs laïcs, ses protestants accourus en blouson communautaire à la première invitation, ses trompe-la-mort, pénitents noirs sortis de Goya et d'Oskar Panizza, ses langues de feu, ses barbes, ses museaux de bouc, ses censeurs et ses oreilles-de-cochon venus de Jarry et de Mandiargues. Saint Agaric dit le Champêtre, priez pour nous. Saint Pézize, ayez pitié. Oui, il y a une hâte dans ces attentes, une précipitation baroque sous ces airs placides et enchantés. Certaines morts ne sont pas expliquées que la fumée blanche jaillit déjà des tubes et des spores. *Habemus autumnum.* Et que croyez-vous de l'exorcisme? Nous promettons ex-voto sylvestres et sacs de lamelles bien sèches à qui hante les couloirs de ces lieux convoités. Les allées. Les travées. Les déambulatoires où flotte le petit encens du brouillard à l'aube au-dessus de l'assemblée inspirée.

Mais je rêvais, je vous l'ai dit, je sommeillais, je réfléchissais devant ces hypostases du passé. Soudain, comme j'allais quitter le musée pour rejoindre Anne-Marie, je me souvins des limaces qui dévoraient les sous-bois où nous nous enfoncions, elle et moi; souvent le chapeau d'une russule ou d'un lactaire, l'entonnoir des chanterelles ou des marasmes étaient entamés, comme rongés, parfois à demi dévorés, des traces collantes et brillantes marquaient le passage de ces envoyées du diable, et leur travail dévastateur. Les limaces du cardinal! Le soleil matinal diaprait la forêt d'or et d'ambre, les tapis de feuilles tombées avaient allumé leurs lampes dans les trouées entre les fûts, et le mal, dès l'aube, avait sali ces secrets. « On peut baver sur des splendeurs », nous enseignait Charles Journet. Et je me promis d'avoir sa leçon constamment à l'esprit – comme dans le labyrinthe de mes erreurs.

On sonnait les vêpres à la basilique lorsque nous revenions de notre balade dans la vieille ville, auparavant nous nous étions réchauffés au Gothard, Anne-Marie avait bu un chocolat, moi du café, du kirsch, maintenant nous passions sous le porche de l'édifice. Beaucoup de monde. Des femmes surtout et de tous les âges, un fichu noir couvrant leur tête. Cette fois je m'étais assis à côté d'Anne-Marie, le prêtre avait officié sobrement, et au moment de la bénédiction ma compagne avait posé sa main droite sur mes mains. J'avais lu dans ce geste le signe de notre alliance et de notre confiance. Puis notre marche silencieuse dans la ville où le vent s'était mis à souffler, je sentais qu'Anne-Marie tremblait de froid dans son long manteau de daim sombre. Nous ne parlions pas encore. Je pensais, allant du même pas lent que ma compagne, aux paroles de renouvellement de la profession de foi baptismale, dont nous parlaient déjà certains camarades appartenant à des paroisses « progressistes » (on disait aussi « novatrices », ou « préconciliaires », dès l'avènement du pape Jean XXIII).

Le prêtre :

– *Renoncez-vous à Satan, au péché et à tout ce qui conduit au péché?*

L'assemblée :

– *Nous y renonçons.*

Ce qui se formulait aussi de manière plus tempérée, le diable ayant été banni de l'appel.

Le prêtre :

– *Pour vivre dans la liberté des enfants de Dieu, rejetez-vous le péché?*

L'assemblée :

– *Nous le rejetons.*

Et je m'étonnais de la clarté de ma mémoire où je retrouvais intacts des textes que je n'avais ni lus ni écoutés depuis si longtemps. Mais il me semblait que cette mémoire s'aiguisait et s'approfondissait depuis que j'étais revenu à Fribourg. Comme si les dédales de mon adolescence, que j'avais cachés, déguisés, condamnés depuis des années, s'éclairaient en quelques jours d'une lumière vive à laquelle je n'imaginais même pas de résister.

J'avais réservé par téléphone une table un peu à l'écart au restaurant français du Buffet de la gare. Peut-être en souvenir de l'abbé Dutoit. Le dîner était exquis comme au temps de l'abbé, nous bûmes du vin blanc, puis du bordeaux, mais nous mangions peu, trop occupés de nous, du travail d'Anne-Marie dans ses classes, de la mort de sa mère, de mon divorce et de toutes sortes de futilités qui nous faisaient sourire ou pouffer. J'avais raconté les heures passées auprès de Dutoit, chez lui, nos repas à cette même table qu'il affectionnait, nos conversations affûtées. Ses propos harmonieux ou vengeurs, surtout, et sa passion des livres, de la poésie, des lyriques latins. Ah, les *Elégies* de Properce!

– J'écrivais des livres, en ce temps-là, Anne-Marie, et cet ami serait bien triste, s'il avait vécu plus longtemps, d'avoir à juger mon silence et ma paresse. Mes *hivers*, cette incapacité d'écrire quoi que ce soit qui tienne le coup, puis mon dégoût de l'écriture, des livres des autres, de la peinture...

– Je t'y ramènerai, disait Anne-Marie.

– J'ai honte de t'avouer cela, Anne-Marie. Mais je ne sais pas si j'y tiens vraiment. Certes je me rappelle mes batailles à ma table de travail, ma chasse aux beaux tableaux, ma curiosité des expositions et des galeries. Mais ne t'ai-je pas dit que j'étais mort? Un corps, une tête vides, et je crois que c'est sans remède.

– Rien n'est sans remède. Tu es un mystique, Jonas Carex. Tu l'étais déjà il y a trente ans, à ta façon péremptoire, mais le temps a nourri ta pulpe, toute une réflexion sur la tombe et sur la gloire du rachat. Jonas, je t'aime. A part toi je n'ai rencontré aucun homme. Ni fait l'amour. J'étais vierge, Jonas, cette nuit, entre tes bras. La Nouvelle Naissance... *Der Mythos von Tod und Wiedergeburt* dont nous parlait le Révérend Cormier, prophétique à son tour devant la porte de sa classe, à chacun de ses remplacements à Sainte-Croix.

– Le Père Cormier est toujours vivant? Tu ne lui as pas parlé d'astrologie, au moins, ça le rendait à moitié fou quand nous arrivions à faire dévier la leçon sur le sujet. Mais c'est vrai qu'il avait beaucoup lu les mystiques, les gnostiques, la critique des textes sacrés et les philosophes spiritualistes allemands. Il ne parlait que de cela, d'ailleurs, et c'était assez surprenant pour nous d'essayer de suive ses élucubrations souvent perspicaces, qui l'auraient conduit au bûcher en d'autres temps...

Le Père Cormier. Et je racontai à Anne-Marie sa pitié pour l'interprétation des signes du zodiaque, pour le règne des Poissons, sur quoi je l'avais questionné, et pour les malheureux protestants parmi lesquels j'étais né. J'avais encore sa voix narquoise et sincère au fond de l'oreille.

Puis, suivant le chemin capricieux de mes conversations avec l'abbé Dutoit, nous avions parlé de Bruckberger et de ses propos sur le rétablissement de la peine de mort.

– Mais la mort, disait Anne-Marie. La mort, les trois jours dans la mort, le rétablissement de la peine de mort... Tu ne parles jamais de la vie, Jonas? C'est vers la vie qu'il faut tendre, que chacune de nos forces doit se mobiliser, se durcir, jaillir. Vers la vie, à chaque minute que Dieu fait, et vers la vie dans l'Eternité. C'est ce qui me permet d'avoir admis la mort provisoire de ma mère, Jonas. Et plus difficilement, plus cruellement, la mort provisoire de notre fils.

Je notai qu'elle avait dit *notre* fils, ce soir, et quelque chose comme une reconnaissance brûlante submergea mon cœur et mes nerfs. Mais je ne crus pas le moment venu, non, pas encore, de l'interroger sur ce fils perdu. Trop tôt. Pas perdu à jamais, avait-elle dit plus fortement. J'avais le temps. Et je tentai de me déprendre de mon obsession de la mort, des macérations baroques de la mort où je me défaisais depuis mon enfance.

– Mon père s'est suicidé, Anne-Marie. Tu vois, je change et je ne change pas de sujet. Mon père? Une première tentative en 1952, dans le garage de notre villa, au gaz d'échappement. Un échec. La seconde tentative a réussi. Ma mère est morte d'une tumeur au cerveau six mois plus tard, j'ai hérité, je peux me permettre de ne pas faire grand-chose : de passer à la banque de temps en temps, un point c'est tout. Je ne suis pas cynique, Anne-Marie. J'ai mal en te parlant de moi de cette façon apparemment détachée.

– Détachée? C'est beaucoup dire. Tu saignes de partout, Jonas. Suis mon conseil de cette nuit, tu sais que j'en donne rarement. Aie pitié de toi, Jonas. Et appelle-moi...

Nous étions redescendus au Duc Bertold dans le froid vif. Il était presque minuit quand nous refermions la porte de la chambre 27. Mêmes rites qu'hier. Etonnant comme un couple se donne rapidement ses habitudes, ses refuges, son rituel. C'est ce qui explique la jalousie, sans doute. Et avec l'autre, avec les autres, quelle était la liturgie?

Nous avions choyé la figure des Poissons, comme la veille, mais il y avait chez Anne-Marie plus de tendresse encore et d'abandon qu'hier. Ichthus régnait en moi, en nous, nous le savions, et cette certitude donnait une force et une joie singulières à notre étreinte. Le Christ-Poisson portait nos corps et nos cœurs comme la baleine des vieilles mythologies soutenait le monde, curieusement notre lit voguait à la surface d'une mer lumineuse, puis il s'enfonçait, plongeait aux gouffres immobiles qu'il fendait et parcourait très lentement, tandis que dans les tonnes d'air au-dessus des flots criaient et nous appelaient les poissons ailés, les oiseaux aux longues nageoires déployées.

Plus tard, dans la nuit noire, nos paroles voilées et claires – un murmure très précis et transparent.

– Ichthus marchant sur les eaux, Anne-Marie. Tu le vois, n'est-ce pas. Les oiseaux du ciel volent en couronne autour de sa tête, les poissons scintillants jaillissent à son passage et retournent aux profondeurs du lac sacré. Les poissons qui voulaient le *voir* et qui regagnent leur domaine, vivifiés. Tibériade! Déjà l'alliance de l'Esprit et de l'humide...

– Nous sommes ces poissons, Jonas. L'un et l'autre fous de la Vérité, l'un et l'autre nés en mars, notre rencontre accomplit l'image du signe, dans l'eau et au-dessus des eaux. Rachetés, sauvés par Ichthus élémentaire et maître des âmes. J'ai souvent rêvé du fossé de Ghor, du lac de Tibériade abreuvé de sel et traversé par le Jourdain. D'où nous vient cette intuition, Jonas, cette curiosité, cette préoccupation de l'inconnaissable que nous avons nourrie en nous dès l'enfance? Et tu agis sur moi comme un catalyseur. Quand je ne te voyais plus, les premiers jours de notre séparation, je me sentais délivrée, comme dégagée des pièges où nous avaient trop souvent enfermés nos discussions... et nos humeurs.

Tu te souviens de nos disputes à propos de René Guénon? On n'en finissait jamais. J'ai donc vécu un premier temps de liberté, de tranquillité un peu coupable – il faut dire aussi que j'attendais notre enfant et que je m'absorbais dans l'imminence de cette naissance. C'est plus tard que nos intuitions me sont revenues, et depuis samedi je vis dans une sorte d'extase, ou plus simplement : de bonheur, oui, de grand bonheur, Jonas, à tenter de sonder avec toi la transparence.

Elle s'était tue un instant, puis en se moquant d'elle-même :

– ... Que de grands mots, Jonas Carex. Alors, tu ne me rabroues plus?

Elle riait.

– ... J'ai honte. J'exagère. Je parle trop. C'est peut-être l'effet de la solitude. C'est vrai. Je suis restée si longtemps seule après ces deux morts. Celle de ma mère et celle d'Etienne, en 1969. Il venait d'avoir dix-sept ans. Il était depuis une année au Gymnase, dans la classe de philosophie du Père Emonet. Comme toi, Jonas, et ce qu'il me disait du Père, avec enthousiasme, avec ferveur, me faisait exactement penser à tes propos, quand tu sortais de sa classe et que tu commentais passionnément son cours, ses idées, sa fougue.

Etienne, mon fils. Dix-sept ans. J'avais quitté Fribourg en juin 1952.

– Quand Etienne est-il né, Anne-Marie?

– Je l'attendais depuis trois mois quand nous nous sommes séparés. Ma grossesse ne se voyait pas. Ce qui explique en partie ton attitude. Etienne est né à la fin décembre, dans le règne du Capricorne. Le 27 décembre, deux jours après le Noël le plus triste de mon existence.

Maintenant je savais son nom : Etienne. Pourquoi ne l'avais-je pas demandé *avant*? Je n'osais pas. Je ne m'en sentais pas capable, ni digne, renégat que j'avais été sans le savoir, père sans fils, père à jamais privé de sa meilleure part par la fantaisie maléfique du sort. *È finita la commedia*, Jonas Carex! Cette fois-ci tu n'échapperas plus aux démons qui guettent tes gestes et tes pensées, comme les milans surveillent les poissons du fleuve. Oui, *che poverino*, le sordide histrion de l'Eternel. Tu as joué le fou de la cour céleste, Jonas, tu agitais ton bonnet à grelots, tu brandissais ton bâton de noisetier comme un sceptre dérisoire et l'on te payait en gros rires. Un personnage grotesque, Jonas, un étron, une infamie.

Je me détournai d'Anne-Marie en gémissant. La nausée montait dans ma gorge, me brûlait, m'étouffait, j'allais vomir, cela seul était certain, j'allais salir, baver, laisser ma trace immonde, comme faisaient les limaces du cardinal, sur le souvenir, sur l'honneur d'être aimé, sur la mort *provisoire* d'Etienne, sur la beauté de sa mère.

– Sers-nous un whisky, Jonas. Pas besoin d'allumer. Tu connais le chemin par cœur. Si j'ose dire. Ah, mais je deviens méchante quand tu te mets à geindre. Tes lamentations me rongent et m'agacent. Nous ne les méritons pas.

J'esquivai, selon l'habitude. Je me réfugiai dans mes lectures d'autrefois. C'est peut-être cela, un homme cultivé : une pauvre chose battue s'accrochant à des bribes de textes, à des lambeaux de méditations ou de poèmes pour essayer de se masquer, d'enfouir son visage sous des phrases destructrices.

– « Les poètes ne sont pas des corps glorieux », Anne-Marie, disait sarcastiquement Suarès.

J'aimais me répéter cet aphorisme en dérision de mes erreurs. Je m'en servis donc en ouvrant la porte de la petite armoire frigorifique, à tâtons je trouvai les bouteilles sur leur rayon de verre, les verres et le tiroir métallique des glaçons, puis je passai à la salle de bains, je fis de la lumière, je préparai nos breuvages, revins dans notre chambre et tendis le sien à Anne-Marie.

– Allume la lampe de chevet, Jonas, je ne sais pas boire dans l'obscurité.

Voix basse et douce. Les ricanements de Suarès l'avaient aussitôt rassérénée comme ils me rendaient la paix de l'âme, depuis toujours, par l'excès de leur moquerie agressive.

Au matin, Anne-Marie n'avait eu que le temps de passer se changer chez elle, et de gagner Sainte-Croix en taxi.

Anne-Marie m'avait dit, hier, qu'Etienne avait suivi, comme moi, les cours du Père Emonet. Maintenant je savais le nom de notre fils et l'âge de sa mort, et je l'imaginais au collège, puis au Gymnase, assistant à des leçons dont il me semblait percevoir chaque mot. Etienne prenant des notes. Etienne rendant une dissertation sur la matière première et la forme substantielle chez Aristote et chez saint Thomas d'Aquin.

De quoi Etienne était-il mort? Je n'avais pas *pu* poser la question, il m'avait semblé qu'Anne-Marie n'était pas encore prête à y répondre et j'éprouvais une gêne extrême, moi l'absent, le fantôme de père, à demander des détails ou des éclaircissements sur une tragédie dont le hasard, nos humeurs, et la fierté, et la pudeur, et la distance m'avaient entièrement dépossédé.

Le mauvais sort? Je réfléchissais sur la médiocrité des causes. Le sort : il n'y a pas de sort, pas de destin, de *fatum*, comme disaient les Latins, et la Parole nie la fatalité. C'est ce qu'enseignait le Père Cormier, le remplaçant perpétuel, comme nous l'appelions, et il faut croire que ses divagations et ses pointes touchaient juste, paradoxalement, puisque j'avais retenu beaucoup de ses propos agaçants.

Mais notre irritation n'était pas bonne, je le sais parfaitement aujourd'hui. Il y a une sagesse secrète dans ces haltes, ces digressions, ces foucades dramatiques et drôles qu'ignore la rhétorique des purs. Cormier le savait, ou le pressentait, et sa fantaisie baroque faisait le reste : prurits, malaises, souvent éblouissements de la raison, mais nous lui pardonnions ces sauts de coq de combat dopé à la tequila (je lui pardonnais même ses attaques contre l'astrologie et son mépris des protestants) pour deux ou trois éclairs qui jaillissaient de son orageux pupitre et déchiraient la classe de leur lueur crépitante.

Contre l'astrologie : je n'avais pas tout lu, à cette époque, et j'ignorais la volée de bois vert dont Calvin fustige les astrologues, ces mages du diable. Les mages et leur mauvaise science. Quant à ces protestants dont j'étais né, c'était la guerre entre Fribourg et Genève en ce temps-là, Charles Journet, encore abbé, brettait et fulminait contre la secte de Calvin, et certaines grosses têtes du consistoire peinaient à lui répondre doctoralement. Ces comédies fourrées, ces joutes, ces coups fielleux et mielleux nous faisaient rire quand le Père Cormier arbitrait le match avec une scandaleuse partialité, mais nous avions le sentiment très fort de son intelligence ironique.

Le Père Emonet, c'était une autre affaire. Autant Cormier s'agitait, s'excitait, jetait l'encens ou l'anathème, autant le Père Emonet représentait-il à nos yeux, et à nos cœurs, l'élémentaire et profonde certitude de Dieu. Aucune attaque, aucune condamnation, pas d'excommunication dans sa bouche. Mais la certitude rayonnante, la béatitude corporelle et spirituelle de la foi. Rien ne l'ébranlait, rien ne le troublait, n'obscurcissait le miroir de cette âme sainte et la clarté de ce regard.

– L'astrologie, Jonas? Saint Albert lui-même était un initié, une sorte de mage génial et croyant, et tu sais comme saint Thomas le révérait et l'aimait. Il y a de grands mystères dans les sciences initiatiques, la connaissance occulte, la glose sur les symboles et leur interprétation dans notre existence quotidienne et mentale. Mais les voies de Dieu sont parfois difficiles à déchiffrer. Qui sait si cette alchimie, si cette transsubstantiation par le symbole n'élève pas l'âme à une vie parallèle et supérieure? Je ne le pense pas, pour ma part. Mais il faut tenter de s'ouvrir en poète, en créateur à notre tour, à tous les thèmes, à toutes les voix...

Je lui parlais d'Ichthus, de son rôle dans mes pensées.

– Ichthus le Christ-Poisson, Jonas? Mais bien sûr. C'était le signe de ralliement de nos premiers frères. De nos frères les fondateurs. Et rappelle-toi – mais tu les connais, je le sais – toutes les mentions du poisson dans les Evangiles, chez Luc, chez Matthieu, chez Jean. Et dans la Genèse déjà, au quatrième jour : « Dieu dit : Que les eaux produisent en abondance des êtres vivants... Et Dieu créa les énormes monstres marins, et tous les êtres vivants qui se meuvent et qui foisonnent dans les eaux... »

La voix du Père montait, chantait, tandis que je me pénétrais de la beauté de son visage et de ses yeux animés par ces évidences sacrées. C'était à Saint-Hyacinthe, à la maison des dominicains, où j'allais le trouver de temps en temps. Le frère portier au long tablier vert me faisait pénétrer dans le vestibule silencieux, me conduisait par un couloir, s'arrêtait devant une porte à laquelle il frappait. Le Père ouvrait, j'entrais dans sa cellule étroite et rigoureuse : une table, un tabouret, une chaise pour le visiteur, dans un angle un lit sans oreiller, sans édredon, rien qu'une couverture grossière comme celles dont s'enveloppaient les frères mendiants de jadis.

Que j'étais loin de Pully, alors, du corps d'Hélène,

de mes parents, de leurs voitures, de la villa même et du beau jardin auquel je ne songeais même plus...

Au-dessus du lit, seul ornement de la pièce austère, il y avait une image du docteur Angélique, le regard du Père suivait le mien, son visage se mettait à sourire. Au premier cours du matin je l'avais vu aller et venir sur le podium de la classe, devant la haute fenêtre ouverte sur le préau de Saint-Michel et l'air bleu de l'été voulu, de l'été *créé*, il dressait un index de prédicateur, il ouvrait largement en ailes les manches blanches de sa robe, il secouait d'une main le crucifix au chapelet de sa ceinture, de l'autre il brandissait Aristote ou quelque lourd volume de la *Somme*. Sa voix se faisait plus haute encore, il avait fermé les yeux, « comme c'est juste, comme c'est beau », s'écriait-il, la grande robe tremblait et frémissait dans l'élan, le Père Emonet avait déjà rouvert les yeux et son regard fervent faisait son chemin bénéfique en nous comme une coulée de lave heureuse. Car je n'étais pas un ahuri solitaire, ai-je noté beaucoup plus tard dans un récit que j'ai tenté de faire de ces années-là. Le ciel était plein de passages de lumière, la sève des arbres jaillissait de gaieté dans leurs vieux troncs, le fleuve bouclait et bondissait à sa propre surface comme la mer de Tibériade au temps des merveilles poissonneuses de la Galilée.

Je devenais poète auprès du Père Emonet. Le chant de louange ou l'élégie du Jardin perdu, le récit de soi-même, de l'erreur, des errances, des éblouissements et des cavernes : dans la présence du Père, j'étais pareil au Carabas de la scène imaginée par les habitants d'Alexandrie pour honorer le petit roi juif Agrippa, en visite dans leur cité. On s'était emparé d'un pauvre idiot, le dénommé Carabas, on l'avait couvert d'ornements royaux, on l'avait appelé *Seigneur*, on lui rendait hommage, on lui demandait justice... et le simplet avait pu croire quelques heures à sa valeur.

Non qu'Emonet me décorât en aucune manière d'habits princiers ou du titre de maître! C'eût été profondément contraire à sa nature, à son écoute extrême de l'autre, et il avait en horreur le grotesque et le dérisoire. Humilier un homme, un élève, lui! Inimaginable. C'était moi, en toute humilité je le sais, qui me sentais indigne des propos du Père, de sa pureté, de sa sainteté, c'était moi qui lisais en moi les progrès de ma gangrène : mes porcheries, mes mensonges, mes lâchetés, mes paresses, et j'avais honte, dans cette cellule, de ma fibre terrestre. Elle m'exaspérait, elle ruinait ma force possible. *Indignus sum qui orem.*

En même temps l'exemple du Père était pour ma soif une eau fraîche et salutaire; et je revenais de Saint-Hyacinthe le cœur plus ouvert, l'esprit plus libre d'avoir regardé dans mes gouffres, sondé ma pauvreté et mesuré ma petitesse à cette haute flamme.

Lundi 24 novembre, 20 heures, chez Anne-Marie. En fin d'après-midi, un téléphone au Duc Bertold où j'étais passé un peu par hasard (... ou l'intuition des Poissons?), c'était elle, qui m'invitait à dîner rue de Lausanne. Juste le temps d'acheter du linge, de prendre une douche, de me raser. Je n'ai pas trop mauvaise mine, ce soir, je mange avec plaisir, Anne-Marie a débouché la bouteille de chambertin que je lui avais offerte samedi matin, au dessert on croque des pommes rouges avec les fondants que je lui ai apportés ce soir.

Quand elle s'est absentée un instant pour aller faire du café, je me suis levé et j'ai été regarder la photographie d'Etienne, elle ne me repousse pas, aujourd'hui, mais le même trouble qu'avant-hier monte en moi, je retrouve le vertige de samedi à tenter de *voir* – de définir ce visage à la fois innocent et *double* : les yeux, le front, la bouche d'Anne-Marie et ces oreilles charnues sous les cheveux légèrement bouclés, plutôt sombres, ce gros nez courbé que je connais trop. Comme si ce portrait avait été fait en deux fois, la photographie finale laissant deviner, sous son apparente innocence, un autre visage, une autre histoire, celle-ci vénéneuse et tragique.

Je m'étais rassis à ma place quand Anne-Marie était revenue.

– Un cognac, Jonas, avec le café?

Nous ne parlions guère. Je buvais une gorgée de café, une gorgée de cognac, j'étais calme, détendu, mon regard suivait les rayons de la bibliothèque proche de notre table, samedi déjà j'y avais reconnu les dos de la plupart de mes livres, c'est une manie d'écrivain qui lui reste comme une vieille maladie pas très grave même quand il a cessé de travailler. Vous voyez bien!

Je souriais en me moquant de moi.

Puis Anne-Marie avait tendu la main vers un rayon où j'avais deviné beaucoup de livres ésotériques et spirituels, à la couleur des dos, bien sûr, et au sigle de leurs éditeurs. Elle y avait pris un livre relié à l'ancienne, celui-ci, dos en cuir fin, et les plats recouverts de papier de Paris aux motifs bleu, argent et noir.

– Ecoute ça, dit-elle en l'ouvrant. C'est Calvin, dans son *Avertissement contre l'astrologie*. Il vient de se scandaliser de la fantaisie coupable et de la fausseté de l'horoscope, des subterfuges des astrologues. Maintenant il s'en prend aux signes du zodiaque, qu'il caricature laidement, et il termine sa diatribe par les Poissons. « Ainsi en telle multitude... les Poissons se cachent sous l'eau, si qu'on n'y voit plus goutte. »

Ensuite elle me lut le libelle entier : j'admirai la force de cette petite trentaine de pages, l'ironie et la méchanceté de la satire. Et la langue pleine et belle.

Mais quelle étrange façon de se buter, de se priver, de s'enfermer. Calvin contemporain de Nostradamus. *Les Vraies Centuries et Prophéties* et ce pamphlet contre les astrologues. Non que mon choix (si choix il y avait à faire) se portât sur le rusé barbu au poil en fleur : ses *Centuries* m'assomment le plus souvent de leur bavardage. Mais l'aigu Calvin, l'austère, le tranchant tyran de Genève m'irritait par son ton catégorique et ses sarcasmes. Un signe? Le Père Emonet ne nous avait jamais parlé de Calvin, alors que Cormier, à plusieurs reprises, avait cité *L'Institution* dans l'édition définitive de 1560 : « Car il ne les crée pas tous en pareille condition mais ordonne les uns à vie éternelle, les autres à éternelle damnation. »

« Prodige de la langue et de la dogmatique », s'enchantait le Père Cormier, précurseur de l'œcuménisme à sa façon. En même temps qu'il accablait les Réformés de reproches et qu'il stigmatisait l'intolérance de leur guide : la décapitation de Gruet, le bûcher de Michel Servet... Mais je crois que les excès le fascinaient, comme l'attiraient les rigueurs de l'Inquisition, comme l'exaspérait et l'exaltait la part des dominicains dans ces fastes horribles.

Anne-Marie s'amusait et s'émouvait de ces récits. Je voyais qu'à travers eux Etienne revivait à Saint-Michel, dans sa classe, dans l'amitié de ces maîtres qui lui avaient fait le même effet qu'à moi. Je lui parlais des locaux vétustes et solennels du collège, dont elle ne connaissait, pour avoir été convoquée par le recteur à la suite de quelques petites foucades, que le long corridor, au rez-de-chaussée, où étaient accrochées des dizaines de hautes peintures d'époque, les portraits des hommes saints, des professeurs, des grands témoins de l'établissement. Il régnait dans ce corridor un curieux silence. Comme si chaque passant, maître, élève ou visiteur, assourdît son pas en retrouvant ce déambulatoire très frais et la galerie intimidante des bons censeurs.

De l'autre côté c'était le vaste jardin, ses allées, ses arbres, le cadran solaire sur la façade de molasse... Nous nous y glissions parfois, à l'aube, quand nous ne risquions pas d'être surpris, parce que c'était l'heure où nos maîtres disaient leur messe. Le redoutable Irénée Michaud lui-même, préfet des études, goûtait à l'hostie matinale et portait la coupe à ses lèvres sévères dans sa chapelle redoutée.

La confession. Se confesser au préfet... Nous en tremblions. Certains d'entre nous pourtant s'y aventuraient, dans l'idée de circonscrire ce prêtre par l'aveu de fautes plus ou moins imaginaires – ils inventaient, ils en rajoutaient –, et le préfet, tenu par le secret du confessionnal, se trouvait incapable de les punir.

– Etienne était souvent puni?

Elle souriait rêveusement. Et d'une voix plus basse que d'habitude :

– Non, ou pas très gravement. Il n'y avait rien de lourd dans son dossier. Mais je recevais souvent des lettres d'avertissement, le recteur menaçait de sévir à la suite de toutes sortes de petites impertinences assez piquantes, paraît-il. Il avait le don de mettre en boule certains professeurs. Oh, pas le Père Emonet, évidemment, ni le maître de latin, ni celui de français, ni ceux d'anglais ou d'allemand. Il lisait très bien l'anglais et avait acheté plusieurs anthologies de poètes allemands, des romantiques, particulièrement. Je l'entends encore chanter les petits poèmes du *Taugenichts*, dans le récit d'Eichendorff :

Wem Gott will rechte Gunst erweisen...

Mais en maths, en physique, en chimie, il souffrait. De là à contester les maîtres, à s'agiter, à mettre des copains dans son clan... Il avait franchi le pas et se voyait périodiquement menacé : la suspension des cours, le spectre du renvoi... Emonet le défendait et la crise passait.

– De quoi est-il mort, Anne-Marie?

Je me rendis compte que j'avais chuchoté ma question. L'angoisse me serrait le cœur et la gorge. Je ne pouvais regarder en face de moi.

– Il est mort d'un accident. Il avait la passion de se promener seul, dans les bois du lac de Pérolles, ou dans la région de Montorge. Un après-midi il a débouché sur une petite route en sortant d'une forêt, près de Marly, il courait en dévalant une pente, il était distrait, un camion de chantier l'a happé et l'a tué. On m'a téléphoné de l'hôpital des Bourgeois où il venait d'être transporté en ambulance. C'était en juin. Le 16 juin. Un beau jour d'été. Le service a eu lieu à la basilique, tous ses maîtres étaient là, et ses camarades dont plusieurs pleuraient. Il est enterré au cimetière Saint-Léonard. Je n'ai pas de cours mercredi. Je te conduirai sur sa tombe, si tu veux. Numéro 1943, allée V. Pardonne-moi, Jonas. Je me défends par l'ironie, je fais ce que je peux, et ça ne prend pas.

J'avais gardé la téte baissée pendant qu'elle parlait, je levai les yeux vers elle, elle pleurait sans bruit, sans bouger – j'allais dire qu'elle pleurait *doucement*.

– Oui, nous irons, Anne-Marie.

Je connaissais le cimetière Saint-Léonard pour m'y être rendu souvent. Je me promenais des anciennes sépultures aux monticules neufs attendant leur dalle, c'est un bel endroit, affreusement paisible, le *Friedhof* des Allemands, champ de paix, lui conviendrait mieux que son nom français, peut-être à cause des paysages qui l'environnent, ces verts, ces champs, cet horizon vallonné qui fait songer l'année entière à la brume luminescente et à la neige gothique. Etienne se défaisant sous cette brume. La tombe de mon fils lentement recouverte par la neige, tiens, il a neigé cette nuit, au matin l'on retrouve le cimetière bosselé de blanc sous le sombre ciel, aucun souffle de vent, aucun bruit, c'est la paix provisoire des trépassés. On dit qu'il faut plusieurs années pour faire un bon mort, un vrai mort, un mort qui ne ressemble plus à sa forme humaine. Combien de temps y as-tu mis, Etienne, mon fils? Je te distingue dans le noir, tu peines à te résoudre à ta structure d'os, tu te dissous, tu coules, tu t'affaisses dans tes liquides, tu baignes dans tes humeurs comme un poisson dans une eau saumâtre. Voilà, l'os apparaît dans la dernière enveloppe : le vêtement colle au squelette, misérable tissu souillé à la pire pourriture, guenille, nouveau linge de Véronique gardant l'empreinte de ton corps humilié et ruiné. J'avais souvent songé, en les enviant d'avoir *osé*, aux fous violant les tombes, aux voyeurs affamés de pourrissements et de lambeaux sous la dalle de marbre ou de grès. Je n'étais pas un père ni un sage, Etienne. Et maintenant, où était ta mémoire, où étaient ton intelligence et ton pouvoir d'imaginer, où étaient ta tendresse pour ta mère, tes intuitions, tes craintes, tes rêves, tes lectures, tes découvertes chez les philosophes, et l'amour de Dieu? Vanité. Il n'y a pas de mémoire, pas d'esprit, pas d'amour de Dieu. Il y a un cerveau, un cœur, un corps promis à la pourriture depuis leur naissance, et la mort étend son règne sur le monde comme la neige enferme ta tombe dans l'aube trompeuse.

Ah, mais je m'égare et je blasphème, Anne-Marie l'a compris, elle me regarde avec un effroi calme depuis un instant. Et moi j'aimerais lui poser des questions, la chambre d'Etienne, laquelle était-ce, as-tu conservé son lit, ses vêtements, ses livres, revois-tu tel ou tel de ses anciens camarades ou quelque maître aimé de lui, t'a-t-il parlé des jeunes filles qu'il rencontrait, oui, quelles confidences, quel secret enfoui dans ses restes dérisoires peux-tu me rendre ce soir, Anne-Marie?

Elle se taisait, me devinant, elle choisissait d'ignorer douloureusement les questions qui se pressaient dans ma gorge, et quelquefois elle se détournait pour dissimuler un sanglot muet.

Nous avions écouté *Idoménée*, feuilleté quelques grimoires de magiciens naïfs, des vieux livres ou des almanachs dépenaillés qu'Anne-Marie achetait à la brocante. Dans sa chambre elle m'avait montré un ancien sous-verre, à nouveau *la Vierge à l'enfant*, qu'elle avait déniché dans une foire de village. Il était tard, je parlai de rentrer.

– Tu t'en vas seul, Jonas, ce soir? Pardonne-moi, mais je ne peux imaginer de faire l'amour dans cet appartement, à quelques pas de la photo de notre fils. Tu vois, c'est moi la puritaine, aujourd'hui. Tu veux bien que je t'accompagne à ton hôtel? J'aime cette chambre 27, Jonas. Un jour, bientôt, il nous sera possible de rester ici. De faire l'amour, de dormir ici. Aujourd'hui je ne peux pas. Attends-moi. Le temps de desservir et de ranger le cognac pour la prochaine fois. Tiens, verse-t'en un petit fond pendant que je m'habille. Un instant, et je suis à toi.

J'étais plutôt soulagé. Moi aussi j'avais ressenti une gêne à nous voir allongés dans le lit d'Anne-Marie sous le regard (ou presque) de la photographie d'Etienne. Au Duc Bertold, dans la rue, au café, je pouvais y penser sans la subir. Sans éprouver l'étrange pouvoir du palimpseste, sans tenter de lire les filigranes qui couraient sous sa surface sombre. Je m'étais même dit, pendant le dîner, que je ne pourrais dormir chez Anne-Marie, les quelques heures qui nous resteraient, je me relèverais, je le savais, comme j'étais sûr que j'allumerais dans la grande pièce où le portrait était exposé, et plusieurs fois, cette courte nuit, je tenterais de déchiffrer son vrai sens. Rue de Lausanne, j'étais prisonnier d'une magie, en tout cas de ce sortilège auquel je n'échappais pas. J'entendais Anne-Marie dans sa chambre, une porte d'armoire claquait, l'eau coulait brièvement à la salle de bains : je m'approchai de la photo, je la scrutai quelques secondes, intensément, comme la première fois que je l'avais vue, et tout à coup je la retournai. Ma stupeur, la honte de ma sotte curiosité : au verso du portrait, on avait collé la figure double des Poissons découpée dans un almanach. Tu es le fils de deux Poissons, Etienne. Anne-Marie et Jonas vivent en toi, ils t'accompagnent dans la mort comme tu hantes leur âme et leur cœur. Dors, Etienne. Repose-toi. Toi aussi tu attends la venue du Maître et ton sommeil nous donne la paix. *Hic in terra quiescit, expectans beatam spem et adventum Domini...*

Anne-Marie revenait, souriante et souple. Il faisait froid dans la rue mais nous n'étions pas pressés. La basilique à gauche, le Gothard, Saint-Nicolas, la vieille pharmacie (j'avais reparlé du boa si contraire dans sa mythologie et dans sa symbolique, si opposé au Christ-Poisson, à l'Ichthus qu'il combattait depuis l'origine du monde), j'avais poussé Anne-Marie dans la ruelle du Pont-Suspendu, et là je l'avais longtemps embrassée dans le vent mouillé. Elle avait les joues glacées, le front glacé, je dévorais sa bouche chaude et je la serrais à l'étouffer, et c'est vrai que nous haletions appuyés contre un mur humide, le souffle coupé par la violence de nos baisers.

Ensuite, par gaminerie, je l'avais fait entrer au Café de la Poste où l'illustre compagnie des inconditionnels bâillait et s'écroulait dans la pénombre. Elles étaient là mes deux vieilles blondes épaisses, et le légionnaire, et quelques autres princes de la nuit rotant leur bière tiède et leur mégot ensalivé : tous présents. Cour des Miracles sous la tour massive de la cathédrale... Et ta cour à toi, Jonas Carex? Pitre, tu le sais, fou du roi mauvais qui te mène à sa guise, et toi tu caches ta plaie sous tes pauvres rires. L'alcool acide de mes voisins me fait envie, j'avais éprouvé soudain ce grand besoin de boire qui me tenaillait l'œsophage quand la tristesse prenait le dessus. Le tablier empesé de graisse dérivait vers notre table.

– Et pour Monsieur-Dame ce sera?

– Deux calvas. Tu veux bien boire ça, Anne-Marie? Ça nous réchauffera.

Mais j'étais mal à l'aise de l'avoir conduite dans cette fosse, et je ne savais comment le lui dire. Comme toujours elle avait pris les devants.

– Cet endroit est infect, Jonas, mais ce qui me fait souffrir, en ce moment, c'est que je sais pourquoi tu tiens tellement à ces bistrots minables. C'est que tu y recherches ta propre image, l'image que tu *veux* te faire de toi. Encore la fuite. Et tu persistes dans ton erreur. N'es-tu plus qu'une ombre, Jonas? J'ai besoin de toi. Je crois en toi. Tu te dis vide : tu cèdes à tes démons, à tes paresses, à ce terrible fardeau nauséeux que tu sens peser dans ton être. Pourquoi n'écris-tu plus de livres? Pourquoi cet abandon de ton métier? Tu as cédé. Tu t'es suicidé, comme ton père, mais c'est plus grave et plus ridicule, ce destin de raté, Jonas, car toi, tu continues à traîner ta vie en te contentant de passer à la caisse de ta banque. C'est la défaite sur tous les plans. J'ai lu tes romans, tes nouvelles : c'est fort, tu sais. Avais-tu le droit de laisser tomber? Ou écris-tu à ta façon, parallèlement, rêveusement, en poète oral peut-être, qui ne tient pas à fixer ce que la circonstance, le hasard ou le songe lui inspirent à foison à tout instant?

– C'est un peu ça, si tu veux. Tu simplifies, mais tu as raison. C'est difficile, pourtant, de ne *rien* faire! Je pourrais tenter de saisir un stylo ou de me coller à ma machine à écrire – j'y ai pensé des dizaines de fois, rassure-toi. Mais à quoi bon? Alors inquiète-toi. J'ai le sentiment d'être un enfant incapable de conduire sa pensée, de vouloir, de parler juste. Poète oral, c'est beaucoup dire! Appliqué à mon cas, cela me ferait plutôt rire. Le rire jaune des faibles. En fait tu es la seule à pouvoir me tirer de là, Anne-Marie. C'est sans doute pour cela que je suis revenu à Fribourg. Marcher sur certaines pistes, sur certaines traces, rôder, hanter des lieux et des visages, me laisser happer par des paysages, par certaines heures, certaine lumière. Et presque immobile, Anne-Marie. Ouvrant toujours les mêmes portes (ou tentant de les ouvrir sans l'avidité du voleur), refaisant le même rêve, la même prière, en égrenant paresseusement mon chapelet... Ne faisant rien, c'est l'évidence, je me répète. Mais sans joie. Un fantôme condamné à la table rase sous le regard consterné de ses anciens amis. J'entends si bien leurs propos :

– Est-ce que Carex s'est remis à écrire?

– Lui, à écrire, tu es fou. Jonas Carex? Il boit. Il n'a rien publié depuis dix ans... D'ailleurs on ne le voit plus. Il n'est pas repassé chez son éditeur, il signe avec beaucoup de retard les contrats qu'on lui envoie pour des traductions ou pour le Livre de Poche...

– Mais il a plus d'un tour dans son sac, Jonas Carex. Il écrit peut-être dans l'ombre, dans sa cachette, dans sa retraite, et un beau jour, paf, il s'éclate avec un gros livre qui nous jettera au tapis. Ce serait assez dans son caractère. Il était secret, imprévisible, redoutable, dans le commerce des tableaux.

– Mais il a laissé tomber. Le voilà, son vrai caractère. L'abandon, l'esquive, la solitude, l'alcool... Et il est trop intelligent pour nous revenir les mains vides. Il connaît la loi du milieu! Non, j'en suis sûr, il est foutu, Jonas Carex. Il est mort et c'est bien ainsi.

– Non, Jonas, il n'est pas mort!

Anne-Marie avait crié dans le brouhaha – un cri de révolte et d'angoisse qui m'avait percé la fibre.

Je me rendis compte que je venais de monologuer cruellement, pour elle, pour moi, elle tremblait, elle plantait ses yeux dans les miens et je lisais dans son regard une sorte de terreur amoureuse qui me bouleversait.

– Allons-nous-en, Jonas. Paie et regagnons l'hôtel. Je n'en peux plus.

Le trajet était court jusqu'au Duc Bertold, et nous nous sentions plus proches l'un de l'autre d'avoir pu nous parler sans ménagement. La chambre était chaude, le lit ouvert, nous y plongeâmes comme dans l'eau rédemptrice des archétypes. Et le corps mouvant d'Anne-Marie ajoutait pour moi, à la figure du zodiaque, son odeur marine et la rumeur des abîmes heureux où nous nous enfoncions ensemble.

IV

Le sang de cheval

ANNE-MARIE était déjà partie quand je m'éveillai, mais il y avait un billet sur la table, m'indiquant l'heure de notre rendez-vous du soir.

La journée s'ouvrait devant moi, et je décidai d'aller me promener dans la Basse-Ville, qui était un ghetto de la prostitution et de l'alcool et qui l'est resté, à la barbe des promoteurs et de leurs architectes : ils ont essayé, à coups de millions, de transformer une partie de ce cloaque en quartier résidentiel. Mon œil! Certes il y a des maisons chères, entièrement retapées des caves aux greniers, façades ravalées, grilles de fer forgé au rez-de-chaussée : pouah. C'est la crasse qu'il nous faut là, les *olvidados* jouant à pieds nus au pied des escaliers du Stalden, devant la fontaine exténuée et la vieille coopérative soûle de poussière où tout le monde vole comme dans un souk. Les cafés foisonnent, l'Ange, l'Epée, la Cigogne, et parmi eux le Tirlibaum, centre insultant du vice et de la violence, j'y avais vu des bagarres, des crises de delirium et d'épilepsie, des femmes mises en vente ou se vendant, des marchandages de cartouches de cigarettes piquées cent mètres plus haut – voir sous Coopérative, la KONSUM à l'enseigne ravagée et aux réclames criardes en lettres orange.

La Basse-Ville est curieusement solaire, en dépit des brumes du fleuve, le rythme est latin du Sud, la paresse érigée en dogme. Concentration du Bourg sur une rive de la Sarine, entre l'eau bouillonnant sous les falaises et les escaliers abrupts qui attaquent la forte pente par où rejoindre le quartier de la cathédrale. De café en café, de ruelle borgne en coupe-gorge, je me savais avalé par ces lieux très anciens et coupables, nouveau Jonas emprisonné dans le ventre d'une nouvelle baleine de molasse, de toits aux tuiles ou aux ardoises entamées, de bistrots enfumés et tapageurs, de tables poisseuses, et d'un corridor puant la poubelle, où me pousse en titubant une pute bronzée et jeune (mais bronzée où? Aux néons de l'Ange?) qui claque la porte derrière nous, dans les étages, s'y reprend à trois fois pour mettre la clef dans la serrure et nous enfermer, puis elle se précipite aux toilettes, laisse la porte ouverte et me crie d'une voix rouillée :

– Attends un moment, chéri, mais je dois pisser, j'ai bu des bières tout l'après-midi.

Je suis debout dans l'étroit vestibule aux tapisseries déchirées, des moisissures gagnent entre les lambeaux de papier taché par les mouches, j'attends.

Elle a pissé longuement, bruyamment.

Elle me pousse encore à l'épaule dans une chambre encombrée de linge sale et de plantes vertes desséchées. Un divan douteux dans un coin. Règne d'Eros... Ma pute – Paula, m'a-t-elle dit – s'allonge entre deux coussins râpés, relève sa jupe, gigote en enlevant sa culotte qu'elle laisse tomber sur le plancher. Elle a de belles jambes, cette fille. Des cuisses lisses qu'elle ouvre largement.

– Alors petit, tu te ramènes?

J'ai presque seize ans. Je viens d'arriver à Fribourg. J'ai traîné tout l'après-midi au lieu de me rendre en classe, demain je serai convoqué par le préfet. Quand je ressors, Paula sur mes talons, je mange la lumière jaune à grands traits, je respire l'air chaud qui me guérit de l'humidité de la maison minable d'où je m'échappe. Mais la voix rauque :

– Alors, tu m'offres un verre, petit?

Je cède bêtement. Le Tirlibaum, ça va de soi. L'odeur âcre de la saleté et de l'humide (les saves doivent moisir, ici, comme les murs chez Paula entre les restes de la tapisserie), le cigare bon marché, le crachat sous la table, les haleines lourdes et les corps mal lavés. Fribourg, la Basse-Ville, dans les riches années cinquante.

Que je me sentais étranger à ma famille, dans la cellule de Saint-Hyacinthe comme dans ces lieux tonitruants et glaireux. Que je me sentais distant d'Hélène, nettoyé de ma famille par les feux de la ferveur et par les trous où je barbotais. J'élevais mon âme et je baignais, je nageais dans le plus pur baroque. J'avais l'impression d'être aux antipodes de Pully. En quelques mois j'avais senti se dessiner une frontière entre les miens et moi, une ligne de démarcation invisible aux autres mais qui me coupait physiquement et mentalement de ma vie d'avant. Mon éducation calviniste cédait aux ruses et aux musiques d'une vaste messe, à la célébration de la Création glorieuse et maladive où j'avais ma part bien nette. Oui, malade, la Création, malade de la perte perpétuelle, et de la mort. Mais pleine de la gloire de Dieu, de l'Epoux aimé, du Rédempteur Ichthus et de tous les saints en moi m'interpellant et me guidant. Haute destinée du rôdeur, du fouineur de rêves, du pèlerin des édifices et des lits suiffeux où je priais et me fortifiais!

Je pensais à ces choses, ce mardi 25 novembre, dans le milieu de la matinée, en descendant d'un pas tranquille à la Basse-Ville. Les escaliers étaient toujours aussi raides et interminables mais j'avais le temps : je m'arrêtais, je regardais les façades, les dates gravées au-dessus des portes, les graffiti des gamins et des pochards, et dans le ciel très bleu, au-dessus des toits, des vols de pigeons qui diapraient l'air comme en été.

J'atteignis la fontaine et la vieille coopérative qui s'était encore déglinguée ces dernières années. Quelques arbres sans feuilles, des pavés, des portes en voûte, le contraste très net de l'ombre et de la lumière : bourg solaire, oui, et le chahut sourd du fleuve derrière les habitations. Je fis plusieurs haltes dans des ruelles étroites et brèves, je marchai jusqu'au pont couvert, je le passai, j'atteignis l'autre rive immédiatement plus sauvage, hérissée de hautes herbes sèches au pied de l'abrupt, de bambous, d'orties géantes à demi mortes. Je revins sur mes pas et j'entrai, au débouché de la passerelle de bois brut, dans la fraîcheur du Café de l'Ange. Rien n'avait changé : les tables sombres étaient celles où je buvais, il y avait trente ans, la salle n'avait pas été agrandie, ni repeinte, et une paix, un bonheur calme gagnaient le consommateur dès la première minute de son escale. Une bière-cognac pour fêter cette paix. Une autre pour les ailes de l'ange. Me voilà saintement lesté pour continuer mon pieux périple.

Eh bien je vais poursuivre par la Cigogne, et par l'Epée à l'enseigne menaçante : un bras sort de la façade et brandit une longue lame vengeresse, j'entre à l'Epée et je détaille les images, aux murs jaunis par la fumée, comme on relit un livre aimé. Gravures tachées, photos passées, trophées de chasse, diplômes sportifs, tout est là, et je m'émerveille encore une fois du peu de pouvoir du temps. L'Ange était vide, tout à l'heure. J'étais l'unique client dans l'ombre fraîche et placide; à l'Epée, seules à leur table, des figures pâles avalent leur côtes-du-rhône en attendant que le jour tourne. C'est un peu avant midi que ça *prend*, ici, la lumière change, le patron laisse la porte ouverte sur la place, les gens arrivent par petits groupes et commandent à très haute voix des apéritifs peu ravigotants. Maintenant, à dix heures et quelques, le café ressemble au purgatoire : des âmes mortes (mortes comme la mienne, peut-être) reviennent hanter des corps cassés, des têtes aux faces couperosées et pustuleuses, des peaux grisâtres comme le tain des vieux miroirs où personne ne se regarde plus. Mais mon âme à moi est vivante, je vois le règne du Dieu souverain dans ces déchets écroulés devant leur vin, je déchiffre les traces de Dieu dans ces regards humiliés, j'écoute sa louange et son injure dans ces fibres tristes et dans mon cœur qui s'étonne : la longue attente des proscrits, dans cette salle des pas perdus qui résonne encore d'appels morts. Je pense au commandement de saint Dominique : « Ne parler qu'à Dieu, ou que de Dieu. » C'est la loi du frère prêcheur. Oh, la pauvreté mendiante, et l'exemple du Christ-Poisson! Car, commentait le Père Emonet, citant les Textes, « la perfection ne consiste pas essentiellement dans la pauvreté, mais dans la *sequela Christi* » – dans l'imitation de Notre-Seigneur, ajoutait quelquefois le Père, et ce souvenir me réconforte et m'enchante, car je me représente moi-même parfaitement, à cette minute interminable et parfaite, comme un disciple accompli du Maître : dans l'oraison, dans la parole et dans le respect de l'Exemple.

Un cognac, puisque le soleil dore déjà la moitié de la place. En ce moment je suis délivré des limaces du cardinal et des déserts de l'enfer. Qui sait? Peut-être vais-je écrire un livre, ces prochains temps, qui montre mes erreurs et ma faiblesse. Anne-Marie avait raison, hier soir, j'ai cédé trop tôt à mes démons, je me suis laissé raviner par leur malice – et je la nourrissais, leur méchanceté, leur véhémence, en leur abandonnant mes armes. Oui, je vais me remettre à écrire. J'écrirai en Dieu, sur Dieu, en me montrant tel que j'étais, tel que je suis, je peindrai le diable sur la muraille et je me moquerai de ses ruses quand il aura décidé de revenir à la charge.

Je voyais exactement le roman à écrire, j'en connaissais le titre, la répartition en chapitres brefs et tendus, j'en écoutais le ton, j'en savais la dimension et la chronologie précises. Un livre rapide et bien huilé, quoi, un livre cruel pour les autres et pour moi, un récit efficace comme un coup de scalpel dans un abcès. Et c'était moi l'abcès, mon Dieu! Cette grosse excroissance sur votre Création magnifique, cette boule pleine d'humeurs et de pus que je promène depuis des années sous votre regard...

Des clients entraient, des employés de la coopérative et de la droguerie, certainement, et quelques jeunes femmes fleurant le parfum, demoiselles de réception, secrétaires des médecins et des architectes mondains qui avaient loué des appartements dans les demeures restaurées du Stalden.

J'étais sorti au soleil, j'avais marché dans la tiédeur, le projet du livre pesait bénéfiquement dans mes pensées et j'étais impatient d'en parler à Anne-Marie, ce soir, dès que nous nous retrouverions. J'étais arrivé devant le Tirlibaum. Comment ne pas y entrer? Il y avait un enchantement vulgaire et idiot dans le nom de l'établissement, de la musique criarde jaillissait de la porte ouverte et je notai que la patronne avait fait repeindre de frais la façade et l'ancienne enseigne. Un emplâtre sur une jambe de bois, avais-je pensé bêtement, à mon tour, et je plaignis aussitôt ma niaiserie d'écrivain raté. Je pénétrai dans la salle basse.

– Jonas! Ah merde. C'est pas possible.

Un homme se levait, dru, rougeâtre, le cheveu gris coupé très court, une espèce de para que j'avais immédiatement reconnu. José, José Gillabert, le boxeur, le bagarreur des bals crasseux du samedi soir, le tueur de chevaux, le propriétaire de la boucherie ambiguë où j'avais passé autrefois des heures écœurantes et drôles.

– José. Si j'avais su que j'allais...

J'étais debout devant lui, José me désignait une chaise. Son autorité n'avait pas faibli.

– Mais assieds-toi, bon Dieu.

Il agitait devant lui une main écailleuse et rouge et je remarquai que ses ongles étaient aussi sales, noirs et rougis, qu'il y avait trente ans. Mais j'aimais bien cette brute rusée, et j'avais vécu avec ce personnage des circonstances dont je me souvenais souvent. José cognant sur n'importe qui lorsqu'il avait bu. José champion de boxe, José chasseur de jeunes filles et de femmes mariées (il se vantait d'avoir été l'amant de la femme du plus retors des avocats de Fribourg), José boucher, tuant ses bêtes deux fois par semaine et gratifiant ses amis d'étranges libations revigorantes.

– Tu te souviens du sang de cheval? La gueule que tu faisais, quand je t'en ai fait boire pour la première fois...

Il riait, et je ris aussi.

Oui je me souvenais. Le lundi et le vendredi, très tôt, José allait chercher le cheval qu'il avait réservé chez des paysans de la région. Il le ramenait à Fribourg, il l'enfermait dans un local peu conforme aux exigences de la commission d'hygiène et il le tuait en artiste. Quand le cheval foudroyé tombait sur le sol couvert de sciure, José lui tranchait le cou, approchait un grand verre de la coupure béante et remplissait le récipient de sang tout chaud et mousseux. Aussitôt il portait le verre à ses lèvres, à son nez, il humait, il salivait, et soudain il buvait d'un trait l'épais liquide rouge qui glougloutait un instant dans sa gorge. Un matin qu'il m'avait attiré dans cet abattoir rudimentaire et secret, il m'avait proposé un verre de sang, une fois de plus – et cette fois-là, j'avais cédé, j'avais bu, j'en avais encore des nausées en me rappelant le goût curieusement âcre et sucré qui me remplissait la bouche et dévalait salement en moi.

– Allez, ne te retiens pas, clamait José, très content de m'avoir piégé. Ça rend fort, ce sang-là, tu verras, ça vous retape son homme en cinq sec, et je ne parle pas de l'amour! On va boire encore un grand verre, tu veux bien? Et il secouait la tête du cheval pour aider l'artère à cracher sa potion rouge.

Ensuite, il fixait les pieds de la bête à une chaîne, faisait tourner une manivelle, élevait au plafond le cadavre du cheval qui se balançait devant nous comme un pendule infâme et complice. Commençait alors le jeu des scies et des lames.

– En principe je devrais laisser reposer la bête deux ou trois jours en chambre froide. C'est le règlement. Mais il est fait pour les gros, pour les riches, pour les nantis, le règlement. Pour les délicats et leurs putains de femelles gâtées. Moi je tue pour la Basse! Ni vu ni connu. Je débite ma viande en douce, au noir, et tout le monde est content comme ça.

Je songeais à Lucien Bonard en me souvenant de ces scènes de dépeçage dans ce petit local sordide. Aux bourreaux découpant leurs proies, aux horreurs somptueuses des romans chinois de Lulu. José avait dû remarquer ma distraction.

– Tu es toujours le même rêveur, mon vieux Jonas. Ah, ce que tu as pu me faire grimper au mur avec tes élucubrations de singe savant!

Et nous avions commandé deux autres cognacs en nous rappelant toutes sortes de drôleries et de saloperies.

C'est d'elles, de ces vilenies et de ces jeux, qu'Anne-Marie m'avait tiré quelques mois plus tard. J'avais renâclé, d'abord, j'étais trop habitué à mes immondices pour les abandonner d'un coup. On n'allait pas me priver de ma drogue! J'avais besoin de mes turpitudes et des heures de remords qui suivaient ces erreurs exaltantes et salissantes. On s'accoutume au sang de cheval. Maintenant j'en avais besoin, je le réclamais, chaque semaine j'en buvais plusieurs grands verres à dents que José me tendait avec une joie équivoque. Pervertir le singe philosophe! Car José l'avait compris : les prescriptions de *mon* Deutéronome m'interdisaient de tels usages, de tels débordements ennemis du Créateur et contraires à ma volonté. Mais la loi de l'excès l'emportait déjà sur les autres. Et je voguais, je me noyais jusqu'au jour où j'avais cédé à la fascination de cette source : le corps et l'âme d'Anne-Marie, seuls capables de me rendre l'origine perdue et l'eau printanière du fond de la terre.

J'étais à moitié soûl quand j'avais quitté José peu avant midi. Le ciel s'était couvert et mon humeur assombrie, à revivre des choses encore lourdes. Les chevaux du lundi et du vendredi... Je revenais aux scènes poisseuses de Lucien Bonard, aux bourreaux, à ces supplices célestes (il a parlé lui-même des alcools célestes de l'Extrême-Orient), à ces charcutages publics à l'issue desquels on fait manger les yeux du martyr à l'invité privilégié. Comme José me tendait le grand verre ébréché que je portais, la main tremblante, à ma bouche. Laide eucharistie à rebours dans cette église de tôle rouillée et de briques rongées, détestable messe des nouvelles catacombes dont l'odeur me poursuivrait toute ma vie. « Ceci est mon sang. » Bois à la coupe sacrée, Jonas! Tu as trouvé ton Graal dans la sciure infecte et la honte. Bois, Jonas. La divine fontaine coule en toi, te liant au destin du Maître rédempteur et de son corps charnel sur la terre. Le goût du sang sur ta langue, entre tes dents, à ton larynx. La chute du sang pesant comme une soupe sacrilège dans ton œsophage révulsé, tu vas vomir, Jonas, tu as pâli, tu le sais et tu le sens, tu t'accroches au regard de José, tu tiens le coup, tu exiges un autre verre, tu bois au calice ignoble. Et la parenté scandaleuse, Joseph, José, comme si la parodie s'accomplissait déjà dans les noms des personnages du drame : la transparence et la fange! Et les gestes, et les mots : la raillerie de la Cène et le crachat sur la Table de pierre des mortels!

Mais c'était moi, le crachat, je n'en doutais pas. Misérable Jonas tout juste bon à souiller et à détruire.

Non je n'étais pas fier en remontant vers le quartier du Bourg. De loin j'avais aperçu mon hôtel mais pas question d'y déjeuner, c'était un bistrot très ordinaire qu'il me fallait, où commander le plat du jour et lire distraitement les journaux. J'avais longé la cathédrale, tourné sur la place, je voyais déjà l'enseigne du Gothard, lettres or sur fond noir, et le vent qui venait de se lever la faisait osciller et grincer. Je pressai le pas, car j'avais faim.

Mardi 25 novembre, 13 heures. Le froid tombait rapidement sur la ville, je poussai la porte du café avec plaisir. Près de la vitrine ma table était libre, j'y pris place et déjà la serveuse s'approchait. Il y avait au menu du lapin rôti et des spaghetti, je demandai aussi une carafe de vin rouge pour être certain de dormir tout l'après-midi dans la chambre 27 du Duc Bertold. La matinée avait mal fini, je me sentais épais et fatigué, j'avais sommeil et, pensant à ce soir, je voulais montrer à Anne-Marie une tête un peu moins coupable.

V

Le fils

MERCREDI 26 novembre. Anne-Marie n'a pas de cours cet après-midi, et il y a deux jours que nous avons décidé de nous rendre ensemble à Saint-Léonard.

Ciel bas, d'un gris sombre, avec des moirures noires. Je passe la prendre rue de Lausanne, un taxi nous dépose rue des Allées devant la grille du cimetière. Le grand portail est ouvert. Nous n'avons rien dit pendant le trajet assez long.

Rue des Allées. Ce nom me frappe une fois de plus. Allées entre les tombes. Personnes en allées – comme on dit personnes déplacées –, et jamais revenues, disparues, trépassées. Rue des Allées, des hésitations, des pas obliques, des errances, des allées et venues de fantômes dans la phosphorescence nocturne.

Le cimetière Saint-Léonard est vaste, aéré, planté de beaux arbres et d'arbustes, les tombes ne sont pas trop serrées les unes contre les autres et des plantes vertes, du lierre, des bouquets de fougères, des chrysanthèmes et des roses ont été déposés au pied des monuments strictement alignés. Le silence aussi m'a frappé dès que nous sommes entrés là, le vent ne souffle plus, des cris de corneilles fendent l'air rageusement, par intermittence, à quoi répondent d'autres cris lointains au-dessus des campagnes proches et sur les toits des HLM qui ont poussé sur les mornes terrains alentour.

Anne-Marie me conduit. Nous suivons une allée entre deux rangées de tombes et d'arbres, nous prenons une autre allée coupée elle-même par d'autres allées, tombes et arbres, tombes et monuments, tombes et buissons nains qui bouclent et frisent comme des têtes entre le marbre, le granit, les anges de stuc et les croix ouvragées.

Nous marchons. Maintenant Anne-Marie va plus lentement, je sens qu'elle se recueille, qu'elle s'apprête à la rencontre, sa main serre mon bras.

– Nous arrivons, murmure-t-elle.

Nous nous sommes arrêtés devant une dalle de grès austère, il n'y a que l'inscription nette dans la surface grise de la pierre.

ÉTIENNE BÉLIOT
1952-1969

Nous ne parlons pas. Nous nous tenons debout devant cette dalle, et la présence physique de mon fils enfoui là m'obsède et me ravage. De longues minutes passent et m'enferment dans l'immobilité et le silence, je ne regarde pas Anne-Marie, sa main a lâché mon bras, le ciel est encore plus bas, il a noirci, le froid gagne. Je relis l'inscription, j'y reviens encore, Etienne Béliot, mon nom ne figure pas, ne figurera jamais sur cette dalle, j'avais fui, j'ignorais... Je m'engluais ailleurs, Etienne, les dix-sept années de ta vie me sont aussi lointaines, aussi étrangères qu'un nuage, et maintenant que tu es dans l'autre règne tu n'entends pas, tu n'entends plus mes soliloques de mortel. Rêve et raison ballottent mon cœur et dépeuplent mon âme desséchée. Etienne. Toi tu hantes un au-delà qui me sera peut-être interdit. Tu es mort? Je suis plus mort que toi, Etienne. Je suis un paysage désolé. J'ai toujours été désert. Je m'approche de toi, de ton sommeil sans fin, de tes os dans la terre d'hiver. Je n'ai pas de larmes, moi non plus, pas de voix, et aucun souvenir de toi. Je ne connais de toi qu'une photographie que je déchiffre très mal et parfaitement, et les rares choses que je sache de toi, c'est Anne-Marie qui me les a confiées. Tous ces jours j'ai vécu dans ton image, essayant de te reconstituer dans ta vie et dans ta pensée comme on assemble les pierres d'une mosaïque, parfois d'un puzzle, fragment infime par fragment, pour faire naître la figure entière. Mais j'ai échoué, je n'ai pas réussi à te rassembler et je ne sais presque rien de toi. J'ai songé aussi à ces calques de mon enfance, à ma tristesse quand je me rendais compte que mon dessin tracé sur le papier transparent ne reproduirait, ne retrouverait jamais la perfection du modèle à faire revivre. Voilà ce que tu es pour moi, Etienne. Cette image floue, fuyante, brisée, comme ces trajets que le doigt trace sur la vitre, dans la buée, et la chaleur de la pièce les efface. J'ai certainement rêvé de toi ces dernières nuits, depuis que j'ai appris ta naissance et ta mort, mais je ne me rappelle pas mes rêves. Cela, tu l'ignores et tu le sais dans ton sommeil de l'autre monde. Parce que tu es tourné vers l'éternellement lumineux, Etienne, comme tu te tournes vers moi, vers mon erreur d'être vivant. Maintenant tu as trouvé la voie immobile et je continuerai à zigzaguer, quelques années, de reniement en défaite. L'injure et la ruine! Voilà mon lot. J'ai honte de me tenir devant toi, de troubler ton repos par ma présence imbécile. Je n'ai rien compris et je ne comprendrai jamais rien, Etienne. J'ai perdu mon père et ma mère, je n'avais pas compris leur désarroi ni leurs maux. J'ai rompu avec ma sœur et avec les siens. Au moment de ta mort, je divorçais. Je n'ai pas compris mes deux fils, ils se sont éloignés de moi. Je n'ai rien compris d'Hélène, rien de la maison de Pully, j'ai gâché mon adolescence dans les excès les plus sots, j'ai cessé d'écrire, je ne regarde plus les peintures... Je te l'ai dit, je suis plus mort que toi, et j'envie ton règne invisible à mon regard de vivant. Moi qui ne t'ai pas connu, Etienne, qui t'ai ignoré dix-sept ans, qui t'ai perdu dans ta vie et dans ta tombe.

La dalle est nue. Anne-Marie y dépose le bouquet de roses orange qu'elle a apporté, curieuse flamme d'été au pied de la pierre, sous le ciel noir où s'amassent des nuages de neige.

Puis elle fouille dans son sac de jute et elle en tire un petit volume sans titre.

– C'est le *Livre des morts*, Jonas. Ecoute. Je voudrais t'en lire un fragment. C'est un mort qui parle dans son tombeau. Il s'adresse à la déesse Maât.

Ô Maât! Voici que j'arrive devant toi
Laisse-moi contempler ta rayonnante beauté!
Regarde! Ô Vérité-Justice, écoute...
On m'a enseigné les paroles de puissance des [initiés
Voici Seth qui me parle à sa manière...
Je lui réponds : « Ta balance, en vérité, c'est dans [notre cœur qu'il faut la chercher. »

Sans mot dire nous avons repris notre marche dans les allées – dans le labyrinthe des morts parleurs. La neige se mettait à tomber au moment où nous sommes sortis du cimetière. La neige, Etienne! Tout un hiver encore, et d'autres hivers, d'autres encore, dans ton éternité solitaire. A moins que ton âme diffuse en Dieu, en nous, en moi, ne te lie à nos existences quotidiennes comme la lumière triste de nos gestes, de nos propos, de nos pensées – comme la clarté soudaine de la neige sous l'obscurité de notre ciel. Mais qui es-tu pour oser vivre dans notre vie et dans ta mort?

A la sortie du cimetière, nous avions avisé une brasserie, à quelques centaines de mètres, l'un de ces mornes établissements où les familles des défunts se réunissent bruyamment après le service religieux et l'inhumation.

AU SAINT-LÉONARD
CHARCUTERIE
ET
DÉBIT DE BOISSONS

Anne-Marie avait commandé du thé, moi un double cognac, nous nous réchauffions lentement en regardant tomber la neige devant la vitrine crasseuse. L'hiver des purs.

J'avais interrogé Anne-Marie :

– Tu lis souvent ces textes égyptiens?

– Depuis la mort d'Etienne, oui. Ces paysages d'outre-tombe, ces voyages en barque, les champs que la mort devra labourer, la semaison, la moisson, le transport du sable et l'ouverture des canaux. Cette idée aussi que le défunt peut revivre selon les rites pratiqués sur sa dépouille, qu'il habite sa tombe comme une loge, comme une maison dont il peut sortir selon son désir. Le mort travaille donc, dans sa seconde vie, et il chante des hymnes aux divinités, ainsi cette louange à la déesse Maât, déesse unique en deux corps distincts – la maîtresse, la gardienne de la Vérité et de la Justice. « Ta balance... c'est dans notre cœur qu'il faut la chercher... »

J'y vois aussi une étonnante parenté avec les textes bibliques, les livres poétiques et prophétiques, tout spécialement, et la passion des mystiques du Christ et des inspirés de notre ère. Et toujours cette idée que la mort n'est que provisoire, que le défunt vit proche de nous, accomplissant sereinement des besognes simples hors de notre durée, de notre temps dérisoire. C'est l'intuition des premiers chrétiens pour lesquels les morts n'étaient *que* les trépassés – *transpassati* –, les vivants qui avaient fait le pas vers la lumière. Et rappelle-toi l'épitaphe de tes maîtres : *Hic in crypta quiescunt, expectantes beatam spem et adventum Domini*... C'est exactement le même mouvement, la même foi, la même certitude d'une *autre* vie. Celle même promise à Jonas au terme de son périple dans la baleine. Celle du Christ, et la vie éternelle de nos catéchismes et de nos prières d'enfants étonnés.

La neige tombait plus drue, maintenant, un groupe de gens en noir était entré dans la salle, bientôt suivi par des familles à qui l'on servait aussitôt la même assiette de viande froide, ô ironie, et le même thé, et le même vin. Cette petite industrie funèbre m'avait amusé, et je suivais les changements rapides qui s'opéraient sur le visage des endeuillés, rigide et pâle à leur entrée, et maintenant le ton montait, des rires et des appels fusaient, la couleur revenait aux joues joviales, les gestes se faisaient cordiaux. Nouvelle naissance elle aussi, cette pitrerie du réconfort, ce pauvre théâtre parodique de l'affliction et du retour d'un corps trop bien vivant chez les vivants.

J'avais sottement éclaté de rire et j'avais dit assez haut pour me faire entendre d'Anne-Marie : « Dieu les bénit et dit : Croissez et multipliez... » Et je fus blessé à mon tour parce que je savais que je venais de la blesser.

J'avais téléphoné à la centrale des taxis Alpha, une voiture était venue nous prendre et nous avait ramenés au centre. Nous nous étions tus pendant le trajet, la neige tombait de plus belle, tourbillonnait, le chauffeur maugréait contre la paresse de ses essuie-glaces et contre la mauvaise saison qui s'annonçait. Le cimetière Saint-Léonard est assez loin de notre quartier de prédilection, maintenant nous avions besoin de la foule, de son bruit, des devantures vivement éclairées dans cette nuit qui venait tôt.

– Arrêtez-nous à la gare.

Nous avions arpenté plusieurs quais, nous avions regardé des trains partir et arriver, nous nous étions arrêtés longuement devant le kiosque à journaux, dans le grand hall, feuilleté des livres de poche aux tourniquets, acheté des magazines et des cartes postales. Il faisait froid. Les voyageurs passaient en courant, le corps cassé par le poids des valises, des enfants pleuraient et se gavaient de chocolat, la tristesse du soir commençait à peser en nous.

Une halte s'imposait au Buffet, et sans nous être concertés nous nous étions retrouvés dans l'escalier du restaurant français. Au premier étage chaleureux et gai. Voilà notre table. Voilà le maître d'hôtel et un garçon vêtu en commodore qui déjà s'affaire autour de nous, nous désigne nos sièges, allume les bougies à torsades dans le chandelier, ouvre deux cartes sur la nappe rouge. Mais nous avions besoin de temps pour boire tranquillement l'apéritif. Ensuite nous commanderions le dîner, nous continuerions à parler, et nous regagnerions l'hôtel à pied dans les tourbillons de la première neige.

Des clients entraient, on prenait leur manteau, leur parapluie, on les faisait asseoir aux tables voisines. Anne-Marie caressait la nappe du dos de la main, elle souriait vaguement, comme perdue dans le souvenir.

– C'est la table de l'abbé Dutoit, n'est-ce pas, Jonas? Elle est hantée pour moi aussi. L'abbé Dutoit, je ne le connaissais pas, je ne l'ai jamais approché mais je le voyais souvent en ville, toujours accompagné du recteur, et leur double silhouette noire me fascinait. Comme m'intéressait son visage coloré aux yeux perçants que l'on distinguait à plusieurs mètres.

Le commodore apportait les apéritifs, une Suze pour Anne-Marie, du whisky pour moi, les glaçons tintaient joliment dans nos verres et nous nous amusions de ce petit concert enfantin.

– Il faut que je te dise quelque chose, Jonas. Je t'aime.

Elle avait fixé son regard dans le mien.

– ... Je t'aime, Jonas, et tu ne peux pas rentrer à L. Tu ne peux pas me quitter une seconde fois. M'abandonner au moment où je comprends le mieux que je t'ai aimé toute ma vie, que je t'aime plus que jamais et que nous ne pouvons nous séparer, comme ça, bêtement, devant un train prêt au départ. J'y pensais il y a une heure sur le quai de la gare. Viens vivre à Fribourg, Jonas. Vivre avec moi. A L., de toute façon, tu ne fais rien de bon. Rien ni personne ne t'y attache. Ici j'ai mon métier, un appartement, tu as la rente que te sert ta banque. Tu te remettras à écrire, j'en suis sûre. Tu auras ton temps, tes habitudes, tes fantasmes, tes manies, est-ce que je sais, tu pourras même rôder, rêver, boire, quand tu le voudras, je n'ai pas la prétention de te métamorphoser en gnome. Et tu seras libre aussi de m'aimer comme je t'aime. Et tu travailleras à *notre* livre.

– Pourquoi me crois-tu capable de faire un livre? Capable de te sacrifier à mes humeurs : le remords, la paresse, l'exaltation, la défaite, et ça recommence? Macération dans la faute, la paresse encore, les balades sans but, les alcools divers, la joie subite et totalement imméritée, la chute, les ruines durables, et ainsi de suite. Et c'est avec moi, avec le Jonas rejeté par le monstre sur le rivage des créatures de Dieu, que tu prétends vivre, et peut-être mourir de chagrin... Les créatures de Dieu? Je suis pire qu'aucune d'entre elles, Anne-Marie. Je suis veule. Je suis indigne de toi. Indigne de la mémoire d'Etienne en toi. Indigne d'Etienne, Anne-Marie. Laisse-moi. Oublie-moi. Je rentrerai demain à L.

– Non! Jonas!

Le cri avait été poussé si haut que les conversations avaient cessé autour de nous, et l'on nous considérait déjà avec une attention goguenarde. Anne- Marie m'étreignait les mains, elle tremblait, le sang s'était retiré de son visage, que je regardais tout proche du mien, et la tendresse aiguë que j'éprouvais à ce moment pour cette femme m'angoissait et me terrifiait.

En même temps – c'était peut-être l'effet de la neige –, je ressentais la magie profonde et ramifiée de Fribourg plus fortement encore que je ne l'avais éprouvée, trente ans auparavant, quand j'arrivais du lac et des terres à vin, protestant sans Dieu, nouveau Gaspard Hauser encore ébloui par le soleil des rives dures, et par la dialectique sans faille des sectaires du synode et du consistoire.

A Fribourg j'avais découvert la neige baroque, le froid du soir peuplé d'anges et d'appels de cloches, le latin précis et soyeux des officiants, la science multiple et bienveillante, l'enseignement passionné et rigoureux, la foi, le don, la sainteté. Là-bas, en roulant vers Fribourg dans le train du Nord-Est, on changeait de pays en traversant la Sarine, comme l'avait ressenti Lucien Bonard en médium, on changeait de civilisation, on quittait une fois pour toutes le Léman *Mare nostrum*, pour pénétrer dans la culture millénaire de l'Europe de Dieu. Et je regardais Anne-Marie, je voyais sa beauté, sa pureté, sa chevelure sombre qui brillait dans la lueur du chandelier.

Le garçon apportait nos plats. Des huîtres, puis un pintadeau aux choux. Nous avions mangé avec plaisir, plaisantant, imaginant, au dessert Anne-Marie avait demandé une coupe de glace qu'elle avait laissée fondre, avec gourmandise, comme une gamine.

– C'est ce que je préfère, la crème glacée! J'ai toujours fait ça et j'agaçais mes parents. Tu vois sur qui tu devras compter!

Ce qui nous ramenait à ses propos de tout à l'heure. C'était curieux, je souhaitais et je redoutais la poursuite de notre entretien. Et la neige, la fascination de cette ville...

J'essayai cependant d'esquiver le dialogue et j'interrogeai sans hâte.

– Qu'est-ce que tu lis avec tes élèves, Anne-Marie?

Je voyais dans ses yeux que ça ne prenait pas. Mais la voix demeurait enjouée.

– Ce semestre je lis Villon, *Phèdre, Les Lettres persanes, L'Education sentimentale* et le semestre passé, parmi les modernes, comme on dit, j'ai essayé Saint-Exupéry, ça n'a pas marché du tout, j'ai dû abandonner en cours de route et c'est tant mieux. Ah, le pauvre Saint-Ex, prêchi-prêcha, cet humanisme à la guimauve! Pardonne-moi. Ce que je dis n'est pas très original mais j'en ai fait l'expérience et les élèves aussi, hélas.

J'étais d'accord avec elle et je souriais, car je me rappelais qu'adolescent, Antoine de Saint-Exupéry avait été élève et pensionnaire à Saint-Jean, à Fribourg même, au bout du boulevard de Pérolles. Saint-Jean est entouré d'un petit bois – le soir y traînent des satyres et des exhibitionnistes – qu'agitent les silhouettes des couples voguant et s'étreignant sous les sapins et les trembles. Le futur mentor vaseux de *Terre des hommes* et les détraqués sexuels du bout de la ville. Rencontre cocasse, qui aurait pu nous égayer l'un et l'autre si nous n'avions pas eu à aborder des choses plus graves.

Elle y venait. Je le voyais à sa pâleur, depuis un instant, à certaine façon de serrer les lèvres et de garder les mains immobiles, à plat sur la table, comme pour accueillir des coups.

Mais il n'y aurait pas de coups, et quand elle avait prononcé d'une voix basse et nette, en détachant les syllabes : « Alors, Jonas, pour ce que je t'ai proposé? », j'avais pu lui répondre aussitôt que j'acceptais, et que je souhaitais cette solution depuis des années. Etrange mensonge si proche de la vérité, mensonge de Poisson hésitant devant la voie à choisir, tournant autour de l'obstacle, tenté, repoussé, à nouveau séduit et inquiet de ce qui lui est offert. Je m'étais bien avoué que j'étais revenu à Fribourg pour elle. Il me semblait même que je n'avais jamais aimé qu'elle, et que j'attendais de la rejoindre rue de Lausanne pour tirer un trait dur sous ma trop longue période d'échecs et de ruses. Après tout, ces derniers jours, j'avais souvent souhaité d'écrire un livre qui raconte cette interminable faille, et ma nouvelle rencontre avec Anne-Marie. Il me semblait même que les scènes grotesques ou sublimes, que les crises larvées, que les feux et les rechutes seraient autant de notes lancinantes et précises qui serviraient mon récit, comme les fiches qu'ils établissent méticuleusement aident de nombreux écrivains à composer leur propre livre. Chacun sa méthode. La mienne était de me laisser faire par l'humeur, le temps, mon sentiment présent de moi-même et le souvenir vagabondant de piège en piège. Anne-Marie m'avait dit que mes habitudes ne changeraient pas, que je n'aurais pas à me métamorphoser en juste pour mériter son amour, et bien sûr ma table de travail. Je resterais laid au-dedans et au-dehors, mais mon récit, laid lui aussi, se nourrirait de cette double laideur. « Les poètes ne sont pas des corps glorieux. » Voilà que Suarès accourait à mon aide une fois de plus. « *Help*, Suarès », avait dû lui crier mon âme à mon insu (ou c'était un réflexe si commun à mon humeur que je n'avais même plus besoin de l'appeler pour que le fantôme du condottiere au binocle étincelant sorte de sa tombe et bondisse à la rescousse).

Nous étions redescendus dans le quartier du Bourg sous des rafales de neige coupante, nos pas crissaient dans la couche épaisse qui recouvrait les trottoirs.

Le rite, au Duc Bertold, la clef que me tend l'étudiant endormi, l'ascenseur, l'étage et ses tentures, les tableaux, les coffres de bois sculpté. Chambre 27. Les rideaux ne sont pas fermés. Nous n'avons pas allumé. La neige tournoie dans la lumière des lampadaires, au premier plan, au loin elle fait un halo dans la nuit, sur le couvent de Montorge et la colline boisée. Les falaises luisent. Le vent est bruyant. C'est l'hiver, Etienne. Dors sous cette neige. Elle fondra au premier soleil, elle ruissellera vers tes os dispersés, vers ton crâne qui parle encore. Oui parle-moi, Etienne, parle-nous. Et que l'air de tes images s'emplisse de cette neige et de ses ruisseaux printaniers. Toi qui sommeilles dans le sol long à porter, comme le regret. Toi, au fond du sol, enfoui comme la balance de Maât dans notre cœur.

Tu vois, Etienne, tu tiens de ton père, le prophète navigateur Jonas. Toi aussi tu es enfermé dans un ventre, comme Jonas le fut trois jours au plus profond de la baleine. Tu es couché dans le ventre de la terre, tu écoutes les bruits des vivants à la surface, tu parles comme on prie, Etienne, sans bouche, sans voix, c'est l'oraison du prisonnier qui vaincra la nuit de la caverne pour retourner au grand jour. Tout est accompli, de la matrice à la lumière. Prison, naissance, nouvelle prison, nouvelle naissance, et je ne cesse d'imaginer l'heure de ma mort pour connaître enfin les mystérieuses lois qui exerceront leur pouvoir à mon entrée dans le Cycle, sur les confins de l'ultra-monde où tu règnes.

Rituel. Manteaux jetés sur les fauteuils, robe qui tombe sur le tapis, bijoux sonnant sur la tablette, Anne-Marie nue et riant. Salle de bains. Bruit de la douche revenu de l'enfance. Lavabo. Les dents. L'armoire de toilette, le petit flacon d'eau de Cologne, le choc clair lorsqu'on le repose. Toute cette musique innocente des choses, bruits pareils aux grains d'un collier, d'un chapelet, bruits distincts et rassemblés, je les attends sans hâte, je prévois leur travail heureux en moi, je me les approprie comme j'ai appris paisiblement – comme j'apprends jour après jour, et chaque soir, et la nuit, les gestes humbles et fastes de notre jeu.

A moi, maintenant. Salle de bains, whisky.

Anne-Marie est couchée, elle a fermé les yeux, elle les rouvre, je me couche à mon tour contre elle et j'attends le dernier mot :

– Eteins, Jonas.

Nous restons longtemps allongés dans la nuit, sans rien dire et sans bouger. Comme autrefois, dans la nuit d'été, la fenêtre ouverte sur le fracas lointain du fleuve, nous jouions à être deux morts, le regard clos, les mains jointes sur la poitrine, et le soleil étale de l'Infini brûlait notre intelligence et notre corps.

Suite du rituel. La figure des Poissons exige la lenteur, l'exactitude et la tendresse. Il n'y a pas de figure des Poissons sans le respect – sans dévotion au corps de l'autre. Je me retourne et je m'étire lentement sur toi. Double soleil inversé et invisible. Je pose ma tête sur ton ventre et j'écoute. Là est la vie, là s'ouvre la tombe heureuse. Soleil de l'ombre. Maintenant j'appuie ma joue dans la douceur du pubis, puis ma bouche descend en toi, ma langue t'ouvre, je te respire, je te bois. L'eau de la nuit nous enferme et nous porte. Nous nageons, nous voguons, je me retourne encore et j'entre en toi, je te laisse, ma bouche revient à l'antre de lait : tu m'appelles, tu m'étreins, tu me forces à te retrouver...

Tard dans la nuit je me réveille, je ne regarderai pas l'heure, je ne veux pas me laisser enfermer dans le cadran de ma montre-bracelet. Anne-Marie dort, le souffle calme, je pense à elle, je pense à nous, je lui parle comme on rêve, les mots se dessinent dans mon esprit, silencieusement, ils hantaient ma fibre, mon cœur, je te les donne, Anne-Marie, puisque je sais que tu veilleras sur moi, que tu me porteras en toi, que tu te lieras à ma bassesse et que tu la nourriras, comme tu réconforteras mes vœux purs, l'appel en moi de la clarté et de la force.

Il neige toujours, j'écoute les flocons sur le rebord de la fenêtre – bruit très léger de succion, de caresse secrète, ô Poissons –, la neige ne fond pas, elle s'amasse lentement à quelques mètres de nos corps et ce matin, quand j'ouvrirai cette fenêtre, de petits paquets d'ouate blanche tomberont de la vitre et se mettront à couler imperceptiblement sur le plancher.

C'est ces choses minces que je te dis, Anne-Marie, des riens, le souvenir, des haltes brèves dans la nuit d'hiver. Comme si j'avais besoin de ces drames infimes pour m'habituer à t'invoquer. La journée, notre décision, mon déménagement (mais qu'ai-je à emporter de L. ?), les rues que nous suivons, les cafés où nous nous arrêtons, la basilique (tu y assisteras aux vêpres, n'est-ce pas, et parfois à la messe de l'aube), l'eau de la Sarine, le cimetière. Entendrai-je ta respiration au fond de ma tombe, Anne-Marie? Ecouterai-je battre ton cœur? Saurai-je me souvenir de ton âme? Seras-tu en moi, dans ma tête morte, dans mes os morts, et à jamais? Quel culte dois-je te vouer pour que tu me sauves du vide et de l'errance? De quelle musique charmerai-je ton oreille, comme le harpiste faisant vivre sa harpe pour capter l'attention du Maître? De quel chant, de quel poème, de quelle promesse te combler ici, maintenant, et dans le sommeil de ma mort?

Je ne sais plus qui je suis, je me sépare de moi, je me défais de moi, pour tenter de me retrouver je marche au labyrinthe des tombes et dans la transparence de ton amour. Ou de ton ombre? J'erre, je vagabonde avec une joie mauvaise et paradoxale, je me perds et pourtant je sais la voie, je me renie quand tu me rends confiance en moi. Quel chemin vers la sainteté! Quel flanc caillouteux à gravir sous mes propres huées jusqu'au sommet du calvaire. Golgotha, « le lieu du Crâne », Anne-Marie! J'ai toujours craint d'user de cette expression : porter sa croix, qui suscite aussitôt dans mon esprit les sinistres préludes ensanglantés au théâtre désolé des clous, du corps déchiré et pantelant, de l'injure à ce corps, du coup de lance au flanc mort. Mais à ma façon je l'ai portée, ma croix, quelque répugnance que j'éprouve à le dire ainsi, et j'ai connu trop d'avanies – les miennes, à mon usage, d'abord –, pour me priver de la honteuse locution.

Je ne sais pourquoi, à ce moment, je revis quelques scènes d'une promenade que nous avions faite autrefois, Anne-Marie et moi, dans les bois du lac de Pérolles. C'était au début de l'été, je me souvenais de la chaleur de ce jour-là, le boulevard vibrait sous le soleil de l'après-midi, nous avions passé le quartier des entrepôts, des garages, Saint-Jean, ses bosquets louches, nous avions atteint le pont immense et vertigineux qui enjambe le fleuve et sans nous y engager nous avions pris un sentier à peine visible sous la broussaille jaunissante et les ronces. A notre droite, à l'entrée de ce sentier, un écriteau cloué au tronc d'un pin : RÉSERVE NATURELLE. Et il avait suffi de ces deux mots pour nous couper du monde en nous ouvrant un domaine magique dans la fournaise. Deux mots comme dans les contes, et nous nous frayions un passage dans les touffes d'herbe craquante, les épineux, les lianes et les orties. Les branches des mélèzes et des pins nous frappaient au visage. La chaleur sèche nous soûlait. Nous ne parlions pas, titubant entre les racines, butant aux cailloux; le sentier piquait rapidement vers les falaises, au-dessous desquelles l'eau du fleuve, presque immobile, alimentait ce lac grisâtre dans la lumière comme du plomb.

Les arbres et les buissons desséchés s'espaçaient, nous aboutissions à une étroite clairière encombrée de pierres et de souches. Tas de cailloux, chardons, bois mort dans ce cratère assommé de soleil, et des milans tournaient lentement sur l'eau sombre et la rive déserte.

Ainsi, les yeux ouverts dans la nuit du 26 au 27 novembre, allongé auprès d'Anne-Marie dans la chambre d'un hôtel cossu, je me rappelais cette heure étrange d'il y avait plus de trente ans. La forêt, le soleil, la clairière suspendue au-dessus de l'eau, les oiseaux planant et plongeant dans le vide. Et soudain le serpent jailli de la faille, le cri d'Anne-Marie, le mince filet de venin coulant de la morsure que marquent les trous rouges des crocs.

Nous sommes à deux heures au moins de l'hôpital de Fribourg. Donc pas de sérum. Aucune pharmacie, évidemment, aucun dispensaire dans les villages de la rive droite, et d'ailleurs, pour atteindre ces campements perdus... Je regarde Anne-Marie qui n'a pas dit un mot depuis qu'elle a crié; la bouche aux lèvres serrées, le regard fixe très loin sur l'horizon gris, la main blessée par le serpent posée sur sa cuisse, les doigts ouverts, et déjà des marbrures rouges apparaissent sur la peau, autour des deux trous des crocs.

Je me souviens de ce que j'ai lu, en n'y croyant pas trop, sous la rubrique *Premiers soins* des almanachs un peu magiciens et des petits agendas de poche. Je me penche sur Anne-Marie, je prends sa main, je la porte à ma bouche, je tire le venin, je crache, j'aspire encore plusieurs minutes puis je laisse retomber très lentement le bras et la main blessée que je rouvre contre le flanc de ma compagne.

– Ne bouge pas, dis-je. Ne fais pas un geste. Respire paisiblement. Et surtout n'aie pas peur. Ce n'est rien.

– Je n'ai pas peur, dit Anne-Marie. Tu vois, je ferme les yeux. J'essaie de dormir.

... Voilà, nous étions fatigués d'avoir marché, nous avons fait halte dans cette clairière caillouteuse, Anne-Marie s'est dévêtue et nous nous sommes étendus dans l'herbe courte. La vipère a surgi, Anne-Marie a dû l'effrayer, le serpent, la mort, elle crie – j'ai vu la vipère fuir en zigzag sur le sol dru et disparaître dans une autre faille.

A trente ans près, curieusement, je me rappelais les plus infimes détails de cet après-midi de juin. Le vent qui s'était levé vers cinq heures, l'orage qui menaçait, la pâleur d'Anne-Marie qui peu à peu se détendait, bientôt parlait, se rhabillait en frissonnant malgré ce vent pesant et chaud. Comme je me souvenais du serpent, deux heures auparavant, de ses écailles cuivrées dans l'herbe poussiéreuse et craquante, de sa fuite ironique dans la terre du diable.

« Le serpent était le plus rusé de tous les animaux des champs que l'Eternel avait créés. » Mais qui est le maître du serpent? C'est le Tentateur. L'ennemi acharné de Dieu et de son empire sur la Création, l'usurpateur qui trompe, qui égare, qui précipite la créature dans le reniement et la honte. Serpent qui se venge de Dieu et qui venge son souverain, serpent qui fait rayonner l'abjection pour le plaisir souterrain du diable. « L'Eternel dit à la femme : Pourquoi as-tu fait cela? Elle répondit : Le serpent m'a séduite et j'ai mangé ce fruit. »

Couché dans l'ombre de la chambre 27, au Duc Bertold, je m'étonnais que la mémoire des textes et des choses put m'être ouverte, et aussi transparente que si je venais de lire le récit de la Genèse pour la première fois; de vivre la scène du serpent il y avait quelques minutes à peine. C'était, sans doute, que toute mon enfance j'avais entendu lire, raconter, commenter la Bible presque quotidiennement, et innombrables étaient ses figures, ses violences, ses avertissements, ses paraboles et ses proverbes gravés dans mon esprit où ils étaient liés à l'observation la plus pratique des manifestations de chaque heure. Ainsi le serpent de la Genèse et le serpent lové dans la caverne, dans l'anfractuosité, dans la crevasse, et qui se dresse pour notre malheur en pleine lumière avant de se couler dans l'invisible à nouveau. Le serpent des rêves et le serpent étincelant et sombre, le serpent maléfique et coupable. « L'Eternel dit au serpent : Puisque tu as fait cela, tu seras maudit entre tous les animaux et toutes les bêtes des champs. Tu ramperas sur ton ventre, et tu mangeras la poussière tous les jours de ta vie. » Serpent séducteur de l'âme et des corps, serpent envahisseur des âmes et destructeur de nos corps! Serpent vindicatif et contraire au principe bénéfique de la baleine. Serpent serviteur du démon, et le mensonge, la lâcheté, la fureur venimeuse dont tu es garant n'ont pas cessé de fasciner et de convaincre. Je ne veux pas que le serpent soit mon maître, me répétais-je en cette fin de nuit, et je sentais le corps immobile et chaud d'Anne-Marie contre ma hanche, promesse, chant grave pour le jour et pour l'ombre. Non, je refuse que le serpent règne sur mes grimaces, sur mes chutes, sur ma veulerie et mes ravines. Sur le mensonge que j'exalte à tout instant. Car je suis ce paradoxe et ce mensonge : amant de Dieu, amant du diable. Témoin de Dieu et mandataire, agent privilégié, homme à tout faire du démon. Haineusement.

Sournoisement. Traître à moi-même, esclave et censeur de moi-même. Désolation. C'est ton travail dans la bassesse, serpent suborneur, beau parleur, don Juan de Satan. Mais qu'ai-je jamais fait sans toi, comment me passer de toi au fil des jours et des nuits?

Traître à moi-même? En ce moment même je me mens, je me figure en renégat, oui, traîtreusement, car je suis pur et je ne cède pas au miel dérisoire de la tentation. Et certes je suis pur puisque Anne-Marie m'aime. Je suis fort, mon pauvre serpent. Tu vois, je regarde paisiblement l'aube qui vient comme une brume phosphorescente dans les rideaux de la fenêtre.

Jeudi 27 novembre. Il a neigé toute la nuit, maintenant je suis impatient de réveiller Anne-Marie et de l'accompagner à Sainte-Croix dans les rues blanches. Puis je gagnerai Saint-Canisius, je m'assiérai, je respirerai l'odeur froide de l'encens évanoui, je regarderai briller les ors, luire les vitraux, j'assisterai au combat des bons et des mauvais anges, je saluerai mes maîtres dans leur crypte et je ressortirai dans la lumière de la neige qui rend plus noir le tronc des arbres, les façades plus hautes et plus sombres.

J'ai marché comme j'en avais envie. Rues, ruelles, impasses, places, édifices, chapelles dans leurs petits enclos ou leurs étroits cimetières, j'ai regardé, j'ai écouté la blancheur qui pesait légèrement sur la ville. Il n'y a pas de vent, le ciel est gris, aucun soleil, mais la lumière blanche, l'éclat feutré de la neige créent un sentiment d'allégresse étrangement durable où que le regard se porte. Et l'oreille : elle est un peu perdue, l'oreille; les sons, le bruit, les échos, toute la rumeur de la ville au matin s'est estompée comme les lignes, comme les formes, dans cette épaisse et fine couche blanche où je ne reconnais plus mes labyrinthes familiers. A huit heures les cloches des églises ont essayé de percer, de traverser cette moiteur fine, mais en vain, elles restaient prisonnières de leurs tours, de leurs beffrois noirs, comme si quelque mystérieuse force les retenait, les cloîtrait, leur interdisait la maîtrise de la ville conquise par la neige.

Ville-île, ville isolée au milieu des collines, des falaises, des espaces lointains où le regard se perd dans l'ouate blanche. Ville séparée comme un cimetière. Voilà. Je suis mort, l'éternité est blanche, je vois d'autres morts, je les écoute parler de leur nouvelle voix quand je les croise, c'est leur voix de morts pour l'éternité blanche qui me porte dans son immense chambre, comme la baleine portait Jonas.

Neige-baleine. La neige m'a avalé, emprisonné, enivré de son allégresse. Emmuré vivant? Ou déjà mort, enlevé à l'amertume du diable? Il y a trente ans c'était dans l'in-pace de la clairière au serpent – de si nombreuses fois depuis –, ce matin c'est dans la tombe multiple de la neige.

Je suis entré dans l'église Saint-Canisius, c'est là qu'Etienne assistait aux offices solennels du collège et du Gymnase, c'est là qu'il se confessait. Anne-Marie me l'a répété très tôt ce matin, comme nous prenions notre café dans la verrière du Duc Bertold. Assis dans le fond de la nef, près de la crypte hantée, j'ai longuement revu mon fils chez les vivants et chez les morts. Les morts qui ne vivent, qui ne respirent, qui ne parlent que par nous. Etienne, je ne l'oublie pas. Ce matin tu étais là, vêtu d'un jean et chaussé de baskets comme tout le monde aujourd'hui, tu n'avais pas fermé ton blouson sur ta chemise écossaise bleue et noire, tu marchais vite dans la nef, tu revenais sur tes pas, tu frappais légèrement à la paroi de l'un des confessionnaux, on ouvrait le rideau, tu pénétrais dans l'étroite guérite en bois. Isaïe et le repentir : « Quand vos péchés seraient cramoisis, ils deviendront blancs comme la neige... » De quoi t'accusais-tu, Etienne? Et que célébrais-tu, le jour glorieux de la grand-messe, parmi les hymnes, les appels, les propos décisifs de l'officiant, les petits nuages bleus de l'encens, la joie terrifiante et mélancolique de l'orgue? Batailles des anges, saint Michel terrassant le dragon, Adam et Eve chassés du paradis, et le couronnement de la Vierge, le triomphe du Nom de Jésus... Ces scènes, ces drames, ces affrontements, ces gloires t'avaient fasciné, t'avaient nourri, Etienne, le temps que tu avais passé à leur spectacle dans la foule de tes camarades et de tes maîtres, et leur pouvoir ne s'effaçait pas de ton imagination et de ton cœur. Tu en parlais avec Anne-Marie, elle me l'a dit, tu lui racontais le sermon, la chasuble brodée d'or, les fleurs de la Fête-Dieu sur les autels, les uniformes sombres et les gants blancs des élèves, les prêtres rasés de près – l'abbé Dutoit s'était assis près de toi, tu disais qu'il sentait bon l'after-shave, à quelques mètres, le crâne du recteur luisait sous les candélabres et l'abbé Jambé, les yeux fermés, la paupière lourde, s'absorbait dans son secret. Douze ans, quinze ans, puis le Gymnase, Etienne allait vers sa mort. 1952-1969. Maintenant les anges, la pureté abattant Lucifer, la chute, Marie et la gloire du Nom, maintenant les dominations, les trônes, les hypostases, tu les vois dans leur mystère invisible à nos yeux, Etienne, tu ne connais aucune entrave, aucune barrière, aucune interdiction à l'intelligence de l'Etre.

Bienheureux Etienne. Tu as de la chance d'être mort. Alors que nous nous déchirons entre le Tentateur et la neige, pauvres mourants exténués, détruits, qui marchons à l'issue dans la distraction et l'injure. « Je tends les mains vers Toi, Seigneur, réponds-moi. » On t'a répondu un peu tôt, Etienne! Ou tu avais mangé le pain des forts, tout était accompli, tu pouvais entrer dans l'éternité. *Fiat voluntas tua.* Mais que j'ai de peine à penser ces mots, ce matin, quand la colère et la révolte couvent en moi comme un venin. Contre les apôtres, les martyrs et les saints qui ne cessent d'intercéder pour moi. Je suis dispersé, Etienne, pardonne-moi. Je suis défait de moi-même, je me le répète et je te l'ai dit. Je suis vivant pour mon malheur. Je n'ai pas mangé le pain des forts.

Redescendu au Bourg. Café du Gothard. Au calendrier, derrière le comptoir, j'ai lu *jeudi 27 novembre*, ça je le savais, merci, mais il y avait au-dessous une mention en petits caractères que je ne parvenais pas à déchiffrer. J'ai fait le tour de la salle, et en revenant à ma place habituelle j'ai demandé à la serveuse, un peu pour m'amuser, quel était le saint patron de ce jeudi. Elle a ouvert un étui métallique, elle a pris une paire de lunettes qu'elle a posée sur son nez. Elle s'est approchée du calendrier :

– C'est la Saint-Jérémie, monsieur. Qu'est-ce que vous prendrez?

– Une bière-cognac. Je la boirai à Jérémie.

Je porte la chope à ma bouche, il me semble que la bière et le cognac commencent à me soûler. Jérémie. Lamentations, dérisions, exil, et la mort en Egypte pour couronner la belle œuvre. Jérémie le plaintif, le vindicatif, le fou, le clown des rois juifs qui n'écoutent pas ses gémissements et ses conseils. J'aime cet inquiet, cet angoissé, ce furieux. Un oncle de ma mère se prénommait Jérémie. Je ne l'ai vu qu'une fois, dans mon enfance (je devais avoir sept ou huit ans), à Vallorbe. Je me souviens d'un homme maigre, très grand, voûté, barbu, sombre de peau, de poil et d'humeur. Jérémie! J'associe encore le prophète à cette image amère et blessante.

Encore une bière-cognac. Je regarde par la vitrine. La neige ne fond pas. Des voitures municipales et des employés de la voirie ont commencé à nettoyer les rues et les trottoirs, mais les arbres, les toits, les tours luisent très blancs devant le ciel gris. Je me rappelle la chaire des dimanches de mon adolescence où le pasteur dresse l'index et hausse la voix à lire et à commenter le texte biblique. Et mon grand-père, mon père nous assenant les mêmes textes, à table, avant la prière en commun. Jérémie. Contraste du spectacle paisible de la ville enneigée que je ne me lasse pas de regarder par la vitrine, et des clameurs, des menaces, des anathèmes du prophète. Le pays coupable sera devenu un désert, l'Eternel s'acharnera sur le pécheur, les restes des rois eux-mêmes, ceux des notables, ceux des puissants, seront punis, seront jetés hors de leurs sépultures « Ces ossements ne seront plus recueillis, ni replacés dans la tombe... » Allez-y, exulte sinistrement Jérémie, videz les sépultures, les sépulcres, les fosses, dispersez les reliques des anciens maîtres de ce monde à la face du soleil et de la lune, ces débris seront pareils à du fumier sur le sol maudit. Puis l'avertissement terrible : « Et la mort vaudra mieux que la vie pour tous ceux qui resteront de cette race impie. »

Et si quelque absurde condamnation jetait tes os dans les allées de Saint-Léonard, Etienne, ta tombe ouverte, ton squelette fatigué déjà par toutes ces années sous la terre, les orbites vides, le nez troué, la mâchoire disloquée, seul le maxillaire supérieur porte encore tes dents jaunâtres dans cette neige – l'autre maxillaire est perdu parmi les centaines de détritus des tombes fracassées et pillées en ce moment même. Et l'on profanera la crypte de Canisius? On violera la chambre mortuaire du saint?

Il neige. Il doit neiger depuis quelques instants et je m'en aperçois avec un peu de retard, j'étais englué dans ma rêverie allégorique. *Le Jeune Homme et la Mort*. Encore l'œuvre de Jérémie. C'est ainsi que les prophètes parlent à travers les siècles. Isaïe, Jérémie, la parabole de Jonas, ces immenses voix, ces récits qui viennent cristalliser à vingt-sept, vingt-six, vingt-quatre siècles près dans mon esprit indigne et rêveur, je vois bien l'ironie de la circonstance. Ces inspirés, ces tenants de la Parole, ces hommes qui ont fait trembler les trônes au nom de la Loi, qui ont suscité des milliers d'images, de contes, de poèmes, de proverbes, de locutions; qui ont redressé les volontés défaillantes. Et ces témoins du Dieu des armées, du Dieu jaloux, c'est moi, moi seul et misérable dans ma faiblesse, qu'ils viennent hanter ce matin. Décidément tes voies sont obscures, Seigneur. Et tu ne m'empêcheras pas de me railler, de me moquer de mes cicatrices. De rire vilainement au spectacle, dans cette neige, sous ce ciel bas, des os humoristiques d'Etienne. Ah! pardonne-moi : je ne sais plus ce que je dis. Je ne suis plus qu'un sarcasme.

Cognac, Seigneur. Le feu dans la gorge et dans l'œsophage. Les veines légères, le cœur ouvert comme une tombe gaie. Les jambes ont cessé de peser, je ressens pourtant mon poids mais comme ailleurs, hors de moi, paradoxe de ce corps lointain et tout proche de moi, que je réchauffe à l'alcool pour Ta plus grande gloire. Hélas tu le sais, la raillerie colle à ma dépouille comme une guenille malodorante. Dérision de moi-même, et destruction, et maintenant je gère la dispersion de mes ossements : de mon vivant, comme on rédige son testament en possession de ses moyens. Moi, sain de corps et d'esprit... Ridicule structure éparpillée à tout vent. Triste dictée. Mais reconnaissance de la créature abattue et désossée, broyée, hachée, jetée à sa propre imagination et à ses vœux. Tu voulais le repos éternel dans ta fosse? Réjouis-toi, carcasse. Tu as le temps. Rien ne presse, et l'issue sera pire encore au terme de toutes ces années que tu vas passer avec Anne-Marie... Voilà. La neige tombe lentement sur Fribourg et je me laisse couper en deux par le serpent rusé et fort.

LE SERPENT

– Tu te crois malin d'aller vivre avec cette femme? Tu replâtres, Jonas. Tu te crois coupable, tu t'accables mais tu ne dois rien à Anne-Marie. De toute façon ce n'est pas toi qui lui rendras son fils.

JONAS

– Je ne veux rendre personne à personne. Je connais trop bien l'épaisseur de l'inéluctable. Mais Anne-Marie m'aime et je l'aime, Serpent, tu ne peux pas le comprendre. Et de quoi te mêles-tu? Retourne à ton repaire. Laisse-moi renaître et revivre. Laisse-moi écrire mon livre. Je te déteste, Serpent. Laisse-moi à Dieu.

LE SERPENT

– Beau langage pour un pochard, mon cher Jonas! Pour un paresseux, un impuissant et un bavard. Non, Jonas, tu n'as qu'une porte, pousse-la, exalte-toi dans ce que tu as de plus mauvais : le cynisme, l'irrésolution, l'emphase des faibles. Et l'ivrognerie, bien sûr. Et ta sensualité dévoyée. Transgresse, Jonas, révolte-toi, insulte, mens, trahis. Là est ta voie. Là tu seras grand, là tu seras irremplaçable. Et d'abord à tes propres regards.

JONAS

– Je ne comprends pas pourquoi tu t'intéresses si fort à moi, mon cher Serpent! Il y a tant d'autres âmes qui mériteraient ta sollicitude.

LE SERPENT

– Ta réponse m'étonne, Jonas. Et venant de la part d'un homme aussi intelligent que toi, je t'avouerai qu'elle me déçoit. Qui te dit que je ne m'intéresse pas aux autres têtes, aux autres âmes? (Je n'aime pas beaucoup ce dernier mot, tu vois pourquoi.) Mais mon chantier ne ferme jamais, Jonas, mon combat ne cesse pas! Je guette, je repère, je me glisse dans la conscience et dans le cœur de mes victimes, je leur parle, je les convaincs. Un point marqué contre Dieu. Chaque fois que je gagne, Dieu recule. Dieu cède. Dieu souffre. Et j'aime faire souffrir Dieu. Il peut bien envoyer son Saint-Esprit en catastrophe, je veille! Je suis celui qui ne dort pas. Je fais la guerre, moi, Jonas. Tu remarques au passage que je ne cache rien de ma stratégie. Elle est simple, elle est même rudimentaire, mais elle frappe juste. Elle n'a pas varié depuis les millénaires que je me couvre de gloire.

JONAS

– Nous n'avons pas la même idée de la gloire. Et ta stratégie, je la connais ataviquement, si je puis dire. Je l'avais dans mes veines à ma naissance. Je l'ai bue à la mamelle. Je l'ai lue, je l'ai reconnue dans la Bible. Je l'ai retrouvée dans les livres. Plus gravement je l'ai devinée, je l'ai observée, j'en ai ressenti les effets dans mes retranchements très secrets. C'est plus profond que tu ne l'espères : sang de la race, lait de ma mère, récits bibliques, tableaux, poèmes, évidemment! Tu t'y complais, tu y triomphes. Mais c'est en moi que tu mènes le bal. Serpent diviseur : c'est en moi que tu coupes, que tu fores, que tu tends des pièges, que tu instilles ta musique, venin de l'enfer! Tu n'auras pas mon camp, Anne-Marie est plus attentive que toi, plus vigilante, plus forte que toi et que tous tes dédales en moi. Tu es battu. Ah, tu te redresses? Tu menaces? Jeu grotesque. Tu ne peux rien contre le cœur de la Mère, contre le sang du Fils et l'armée de leurs anges...

Je fus pris soudain du très vif désir de quitter cette table, ce cognac, cette dispute avec Satan. Je payai et sortis dans la neige. Elle commençait à tenir sur les trottoirs, et dans les rues où la voirie avait passé ce matin, il continuait à neiger et la place devant moi ressemblait à la surface d'un étang pris dans la glace et la neige étale des campagnes. À gauche, la rue de Lausanne, la Rose, à droite le Café de la Grenette, derrière moi la cathédrale que je ne voyais pas, elle était masquée par les hautes demeures de Saint-Nicolas mais elle était étrangement présente à mon imagination et à mon souvenir.

En face de moi, la basilique. Je traversai lentement la place déserte, j'atteignis les marches et m'engageai sous le portique. La porte était restée entrouverte, j'entrai, déjà je respirais l'odeur de l'encens et des cierges allumés en bouquets devant le chœur. L'église était vide. Personne. Une lumière blanche régnait dans la nef. Effet de la neige.

Je m'étais assis et tout de suite mon regard avait été capté par la grande image de la Vierge au-dessus du chœur, et les vers de Rutebeuf, que nous lisait l'abbé Carrier en première année du Gymnase, m'étaient revenus immédiatement à la mémoire :

Dame éclatante de sagesse,
tu as trahi le traître,
tu as broyé sous tes pieds
la tête du serpent maudit.

La meilleure réplique au Serpent. Pourquoi n'y avoir pas pensé plus tôt? Je suis ainsi fait que certaines circonstances ou certains textes disparaissent apparemment de ma mémoire, le temps semble les avoir enfouis et oblitérés de sa masse confuse. Un événement les fait resurgir aussi frais et sonores qu'au premier jour. Nouvelle naissance. Mémoire-Jonas avalée par les années, ensevelie dans le ventre de l'énorme temps, et la résurrection s'opère, le souvenir retrouve sa forme, son éclat, son lien avec l'instant profond et net. Ainsi, ce matin-là, devant la splendeur triomphante et pure de la Dame et du Fils, je n'avais eu aucune difficulté à poursuivre :

Tu es le temple de la Sainte Trinité,
la terre fécondée sans semence,
la lumière de la vérité
... le lis de la virginité,
et la rose de la patience.

J'écoutais, et les mots du poème se mettaient en place à mesure qu'ils me revenaient dans l'image toujours pareille, toujours recommencée et multiple de Marie. Les mêmes chants à sa mansuétude maternelle et transparente. Les mêmes mots, les mêmes prières adressés depuis des siècles à sa patience, à sa vigilance souveraine, qui avaient appelé les mêmes paroles dans le secret des cœurs et sur les lèvres des implorants. La prière et la célébration m'étonnent et me comblent par leur pouvoir de se renouveler constamment dans un langage toujours semblable, comme épuré par l'urgence de leur surgissement. Et dans une écriture, des hymnes, des litanies, des espaces peints, des formes sculptées, à jamais pareils, eux aussi décantés par l'exigence de la figuration. Il n'y a pas de rhétorique, pas de curiosité dans la louange ou la représentation de la Vierge Mère et du Fils. La curiosité, c'est le Serpent.

En quelques instants la paix avait repris le terrain gagné par la sale bête. Enfin, gagné, c'est beaucoup dire. Ses insinuations, ses questions, sa ruse inquiète : je m'explique, je me justifie, et ce faisant je me divise. Mais là, dans la lumière de ce front lisse, de ces yeux baissés sur l'enfant qu'elle porte dans ses bras contre son sein, toute entreprise du diable se perd dans l'absurde et la vanité. « ... le temple de la Sainte Trinité », Marie *regina mundi*, et ce matin-là j'avais accueilli cette évidence comme une profonde joie.

L'abbé Carrier était un homme plutôt grand, au visage éclairé et ascétique. C'est peu de dire que son regard était tourné vers l'intérieur. Il émanait de cet homme, de ses yeux, de ses gestes attentifs et réservés, un sentiment grave, paisible, fervent, qu'il nous communiquait aussitôt.

La bouche était fine, les incisives apparentes lorsqu'il parlait; le menton marqué, le nez droit. Le teint était pâle, le cheveu court, le port modeste et l'esprit concentré. L'abbé souriait souvent en parlant, ce sourire bienheureux creusait curieusement deux sillons aigus de part et d'autre de sa bouche. Aujourd'hui, dans un magazine, quand je tombe sur la photographie de l'actuel dalaï-lama, je vois immédiatement la figure de ce maître qui apparaît et qui me regarde dans la page. C'est bien cela : l'abbé Carrier était une sorte de dalaï-lama en soutane, je le sentais, je le savais de façon diffuse, et cette intuition ajoutait au pouvoir qu'il exerçait sur moi.

Je l'entends encore lire sobrement les textes du Moyen Age qu'il affectionnait. Les chroniqueurs, Chrétien de Troyes, *Le Roman de Renart*, et Rutebeuf, et Charles d'Orléans, Villon. « Rutebeuf, s'écriait-il, soudain transporté, sortant quelques secondes de sa réserve souriante, Rutebeuf, le contemporain de saint Thomas! L'ennemi paradoxal des moines mendiants mais le poète passionné de la Vierge Marie. Et n'oubliez jamais que Rutebeuf a écrit un long poème où triomphent la sagesse inspirée et le génie d'Aristote! »

Mais curieux corps qu'un Poisson. C'étaient sans doute Aristote et saint Thomas qui me jouaient un tour. A peine avais-je évoqué leur haute présence, déjà la double figure d'Ichthus venait me hanter, et je me sentis saisi pour le corps d'Anne-Marie d'un désir que je n'avais pas éprouvé depuis longtemps. Je parle d'un désir violent, peut-être destructeur, d'un désir métaphysique en quelque sorte, qui fût capable de me rendre souverain (et *mauvais* souverain) de ce corps inversé et pantelant sous ma bouche, sous ma langue et ma salive. Les limaces du cardinal... Puis la longue étreinte dans la nuit de la chambre, le halètement, toute l'humidité, le désir, le plaisir, toute l'eau, les larmes, la pluie, le fleuve, la mer où plonger, m'enfoncer, fuir, revenir, tout l'abîme sous moi, au-dessus de moi et dans le cœur, dans l'oreille, dans la mémoire entière du passé et de l'instant : le règne unique où contraindre la pauvre terre et ses pièges.

J'avais tenté de regarder encore l'image au-dessus de la nef, la Mère, le Fils dans leur béatitude, hélas je m'étais senti indigne une nouvelle fois de tout cadeau, de toute certitude gratifiante. J'avais voulu me recueillir, à ma façon interrompue et inquiète. Prier, c'est-à-dire méditer, rêver, baguenauder dans mes idées et dans quelques intuitions, faire un nouveau retour sur moi-même et me rejeter vivement, comme on retrouve l'air et la lumière à l'issue d'un tunnel soûlant. Mais il me semblait que ma pensée s'était brusquement fragmentée – et d'une façon beaucoup plus grave encore que d'habitude.

La Mère, le Fils. Ainsi sont les Poissons marqués du sceau de Dieu. A peine ont-ils plongé en eau trouble qu'ils remontent à la transparence. Je me voyais accablé, abandonné, tailladé silencieusement dans ma pensée et dans mon corps. Au dernier rang d'une foule rachetée et bienheureuse. En moi, entamé, tailladé par qui? J'avais multiplié mes ruses contre moi-même, me dressant des embûches, perfectionnant mes pièges à mon seul usage. Le désir du corps d'Anne-Marie me poignait, le désir de la Mère et du Fils m'embrasait l'âme. Mais n'était-ce pas le même élan, la même passion vers l'Unique? Anne-Marie avait perdu son fils, et depuis dix-sept ans elle le savait vivant, à jamais, de sa vraie vie. C'était Anne-Marie, c'était Etienne que je voyais luire dans la grande image de la basilique. Voilà mon lieu. Partout ailleurs, loin d'eux, hors d'eux, je ne rencontrerais que le tourment, la méchanceté, la désolation. Ils étaient mon but, mon sommeil et ma raison, mon désir et ma certitude : il y avait bien, en moi, un regard distant et une oreille avertie qui s'amusaient de ce langage mystique. Mais de toute ma volonté j'avais choisi de faire taire mes doutes, ce matin-là, et comme l'affamé se précipite sur le repas qu'on lui présente après des jours de misère, je me jetais sur mes hypostases pour les consommer et m'en repaître, à l'instant même et aux siècles des siècles. Je ne blasphème pas, Vierge souveraine, et vous son Fils rayonnant. Mes yeux vous retrouvaient dans les yeux, dans les traits d'Anne-Marie et de son fils, et vous contempler dans votre gloire m'approchait de la mère meurtrie et de son fils immolé. Me nourrir d'eux me fortifiait, me purifiait, je voulais être l'invité de cette nouvelle Cène ininterrompue et nécessaire, où goûter à l'éternité sous les espèces de *ce* pain et de *ce* vin.

Eucharistie du faible et de l'impur! Peut-être. Mais n'était-ce pas au blessé rompu, à l'hésitant, au renégat, de demander une nouvelle vigueur à *cette* Sainte Table? Je remarquai, en passant, que j'avais toujours été hanté par le sacrement de l'Eucharistie. Sans doute parce que né protestant, élevé dans un sentiment de méfiance ironique à l'endroit des catholiques qui mangeaient, qui buvaient littéralement Notre-Seigneur dans leur théâtre – et parce que la communion m'était au contraire apparue, très tôt, comme le seul rituel capable de perpétuer le sacrifice du Christ. Et je dois cet aveu à la vérité : pensant à ces choses graves je me souvenais aussi de José, de la nauséeuse parodie du sang de cheval dans le coupe-gorge de la Basse-Ville. Comme si la transparence et la saleté fatalement se fussent rejointes en moi, dans mon pauvre esprit écartelé, à chacun de mes instants d'exaltation ou de rechute.

Esprit confus, carcasse triste, destin d'imbécile. A la fin de cette matinée je m'étais mis, douloureusement, à penser à une gravure de Picasso : c'était le thème du peintre et de son modèle. Une femme nue, très belle, lumineuse, étendue sur un divan devant l'artiste. Et celui-ci ne regardant, ne représentant pas cette femme mais alignant sottement sur son papier de petites formes abstraites, des fantasmes mesquins sans aucun rapport avec la splendeur du modèle offert. Voilà exactement ma circonstance. Une fois de plus j'avais été rappelé à la contemplation de l'Unique. Et me souvenant de Picasso je me voyais clairement instruit, pour ma pensée et ma conduite, par l'apologue insupportablement ironique de son peintre maudit.

Remontant la rue de Lausanne – Anne-Marie m'avait proposé de déjeuner chez elle –, je m'étais répété plusieurs incantations du *Livre des morts*, et un peu plus tard, hésitant à entrer tout de suite dans l'immeuble où l'on m'attendait, j'avais fait quelques pas encore dans la neige pour mieux ressentir la vérité des fragments qui me revenaient. Le soleil pointait dans le blanc, la neige commençait à fondre aux branches des arbres et sur les toits, dans l'air le soleil faisait luire les gouttes rapides qui s'écrasaient au sol avec un bruit mat. Bruit rassurant, bruit qui berce, qui réchauffe, qui endort. Il y a cette musique, elle dure, elle a envahi sourdement la rue en pente, comme il y a l'odeur de la neige qui entre en moi, bénéfique, crispante, douloureuse : je ne me lasse pas d'essayer de la définir pour me l'approprier en la reconnaissant. D'abord c'est une odeur crue. Odeur humide et froide, la respirer, l'avaler provoque en moi précisément un sursaut, cette espèce de crispation qui me force à me l'expliquer, à me la montrer. Mais montrer une odeur! Ce dont je suis sûr, c'est que cette crispation n'est pas mauvaise : j'avale, au contraire, une nouvelle bouffée de neige diffuse et ensoleillée, je ressens maintenant une sorte d'ivresse, une force discrète mais qui me soulève, comme un allégement nécessaire. Au même instant cette odeur est liée à des temps anciens qu'elle me rapporte en ravivant douloureusement leur vertu de plaisir et d'illusion moqueuse. Quelle loi plus sûre pour souffrir? C'est instantané. Une souffrance heureuse, en quelque sorte, une douleur douce, comme on dit une drogue douce, et je me laisse faire, je me laisse gagner par la torpeur. Il y a une ivresse des profondeurs, paraît-il, et, que je sache, je n'ai pas nagé vers les abîmes. Il y a la stupeur des espaces blancs. Moi je marche médiocrement sur un trottoir étroit, je m'arrête, je vois la ville fondre, le cristal fondre, j'aspire l'odeur crue et ensoleillée de la neige précaire.

Voilà l'immeuble. Je monte l'escalier, je sonne à la porte. Anne-Marie n'est pas encore arrivée. Hier elle m'a donné sa clef. J'entre dans l'appartement. J'ouvre la fenêtre de la grande chambre. Le paysage blanc, le fleuve, le ciel, l'odeur de la neige, je demeure de longues minutes comme stupéfait, endormi, aigu : suspendu au-dessus de toute cette blancheur, curieusement aérien – sans plus de poids ni de loi. « Libre de sortir dans la lumière. » Le *Livre des morts*. Je l'avais pris dans la bibliothèque, feuilleté au hasard, m'arrêtant à tel chant, réfléchissant à tel appel et mesurant son écho en moi. Le temps de Pully, le temps d'Hélène, mort. Mon père, mort. Son suicide trouant souvent mon esprit d'un éclat bref. Sa figure devenue blafarde, et morne, en tentant de se rappeler à ma mémoire. Ma mère si peu connue de moi, à peine devinée : morte. Etienne, mon fils, mort. L'Eucharistie dont nous parlaient les prêtres il y avait trente ans : morte par la volonté des Pères conciliaires, ô Sainte Transsubstantiation des espèces. Ah, je n'allais pas entrer dans le ridicule débat des anciens et des modernes, mais j'avais besoin de la présence réelle et rien ne m'empêcherait de la rétablir à mon usage en songeant au corps et au sang. Comme tout à l'heure Anne-Marie et Etienne devenant corps et sang par la grâce de la grande image, bientôt se substituant à elle et régnant. Comme le sang de cheval que José me faisait boire, sang réel, sang épais des humeurs terrestres et qui se métamorphosait en sourde violence au fond de mon corps trop réel.

A cette heure-là je n'avais eu aucune honte à me rappeler le sang des bêtes tuées au petit matin, dans son repaire, par mon échanson à l'œil dur. Une voix me disait : « Ne fais pas l'idiot. Tu t'englues dans l'erreur et dans le blasphème. Hérétique! » Une autre voix la coupait : « Apprends à être ton maître. Que tu te colles aux glaires, aux muqueuses louches, ou que tu t'allèges dans la lumière. Cesse de te rouer de coups, Jonas, tu n'es bientôt plus qu'une structure brisée, un mercenaire à rebours : né pour te battre, pour conquérir, maintenant fantôme de toi-même... »

Je n'écoutai aucune des deux instructions : trop parfaitement convaincu, hélas, par tous *mes* exemples, que je n'avais à choisir aucune des voies que l'histoire et la morale des autres me proposaient. Mes exemples! Un sourire fatigué devait se dessiner sur mes lèvres, à ce moment-là, comme pour saluer les innombrables échecs, les lâchetés, les jeux puérils, les mensonges publics et les ébauches de mensonges à moi-même dont mon livre entier se constituait. Oui, de quoi sourire, et rire. Mais j'étais las. L'histoire véridique de Jonas par lui-même... Une belle anthologie.

Vendredi 28 novembre. Comme hier, j'attendais Anne-Marie dans la grande pièce lumineuse de la rue de Lausanne. Une fois de plus, je m'étais approché de la photographie d'Etienne et je contemplais le beau visage du garçon, en même temps que le malaise et le trouble habituels montaient en moi. Mais d'où venait ce malaise? Je m'en étais rendu compte ce matin-là pour la première fois : en fait, je ne *voyais* pas cette photographie. Tout se passait comme si une multitude d'autres figures d'Etienne, d'autres attitudes, d'autres gestes, d'autres sourires, d'autres regards se fussent mis à vivre, à bouger, à vibrer dans cette surface blanche, faisant trembler l'image, la multipliant et l'effaçant. C'était cela. Le portrait apparemment immobile d'Etienne Béliot, mon fils, le portrait fixé, l'image définitive du garçon. Et ce même portrait détruit par les manifestations multiples de toute une vie, par la ressemblance (Anne-Marie, moi), par la confusion qu'il imposait aussitôt à mon regard, de toute la force de son mystère, ne révélait finalement que très peu de l'intensité et de la brièveté de son existence.

Il n'y a pas de durée. L'être s'égare, se défait de son vivant et entre dans la mort. C'était la leçon de cette photo : à l'instant où elle avait été prise, le sujet se multipliait et se décomposait, la vie du regard et des traits était déjà menacée, dispersée par les circonstances du possible et de l'arrêt de mort. Comme aujourd'hui remontaient du néant cette lumière floue et ce brouillard qui érodaient discrètement, mais avec une efficacité impitoyable, l'apparition fantomatique d'Etienne Béliot dans l'un des angles d'une certaine pièce, rue de Lausanne, à Fribourg – repères dérisoires, je le sais, mais ils avaient traduit mon désarroi, à cette minute, devant la vanité de mon enquête.

Pourtant j'avais persévéré. Anne-Marie venait de partir pour Sainte-Croix. J'avais le temps. Je n'ai jamais aimé les albums de photographies : j'ai le sentiment d'y remuer des ossements et des cendres. Ils me font peur et m'attirent parce qu'ils ouvrent en moi les vieilles blessures que j'essaie de me cacher et d'oublier. Je ne regarde jamais les photographies de mon père ou de ma mère, leur destin a été trop injuste, leur fin trop laide, à l'un et à l'autre, pour me permettre d'affronter leur pauvre visage déjà hanté par l'angoisse et par la détresse. Photographies, supports du malheur. Et derrière chacun des deux visages, le jardin, les arbres, les eaux du lac où se levait la brume du matin. La sérénité mensongère, la beauté trompeuse, les trahisons du paysage et de la demeure que la mort guettait. Non je n'aime pas ces collections de condamnés. Ils nous regardent de leur œil faussement fixe, et je les entends au bord du gouffre : « Retenez-moi! Protégez-moi! » comme si le sol s'était si profondément dérobé sous leurs pas que les malheureux se livraient déjà, dans *leur* lumière, aux exercices de lévitation des spectres.

Mais ce matin-là, une curiosité inquiète me poussant, j'avais pris deux albums de photos dans la bibliothèque et je les avais ouverts. L'ordre chronologique s'était imposé comme une pauvre tentative de conjuration du pire. Etienne nouveau-né, Etienne enfant, Etienne à Saint-Michel, et ses jeux, la neige, les camarades, les baignades au bord du fleuve. Et Anne-Marie, et sa mère, et des amis, et des vieillards inconnus, et encore d'autres inconnus... La fosse commune des vivants et des morts, n'est-ce pas. Des morts vivants. Je la refermai horrifié. Ce vendredi 28 novembre. Ce vendredi, jour de Vénus, et le jour faste du Golgotha. Mais ce ricanement, Jonas Carex?

Il est bien vrai que je ricanais en refermant ces albums. Exclu du cimetière, Jonas? C'était plus compliqué. Certes j'avais feuilleté ces pages en intrus – on ne pénètre pas aisément dans un caveau de famille. La mauvaise curiosité. Celle qui se donne des airs de compassion, celle qui ment, et d'abord à moi, et j'avais été payé largement de ma méchante ruse en revenant triste et meurtri de l'aventure.

Je parvenais mal à me calmer. Anne-Marie était retenue à déjeuner avec des collègues, je ne la retrouverais qu'à la fin de l'après-midi. Je descendis l'escalier de l'immeuble avec un poids sur le cœur, je retrouvai la rue, la place, la rumeur de la ville grise et froide. La neige avait fondu, le soleil était pâle dans la laide lumière. Entre les maisons et les édifices, les paysages de la campagne et des falaises m'apparaissaient fripés et plats. Double misère. Où était la splendeur de ces derniers jours? L'automne exténué et glorieux, le froid combatif, la neige paisible? Les passants me regardaient d'un regard hostile, me semblait-il, et de toute façon ils se divisaient rapidement en deux catégories peu intéressantes pour un rôdeur : les pressés et les accablés. Rien à voir de ce côté-là. Non – et je le savais parfaitement –, ce qu'il me fallait, c'était de l'alcool, l'atmosphère enfumée d'un café, la lente observation méticuleuse des gens attablés et du décor pervers à force d'être anodin. Les pièges cachés, invisibles du moins au premier regard, et qui cessent peu à peu de se dissimuler, qui se montrent, qui s'exhibent de tout leur pouvoir dans la sottise. Voilà des choses qui guérissent. Des lieux de réforme et de cure. Et je ne balançai pas davantage. Comme je remontais la rue de Lausanne, j'avisai sur ma gauche l'enseigne d'un café où je n'étais pas entré depuis trente ans : le Café de la Tête noire. Je poussai la porte et je me trouvai exactement dans le bistrot que je souhaitais, encore *le Jet de la baleine* où me figer dans ma rêverie et me guérir de ce vendredi. Plusieurs chopes de bière et plusieurs cognacs. La mémoire, la prodigieuse immobilité du piège, les voix assourdies de quelques consommateurs assommés, la serveuse hébétée aux gestes fades, le paradis, quoi, le ventre chaud où me terrer et me retrouver. Vendredi, un après-midi de fin novembre, de lumière basse, de ratages collants aux tables voisines.

Et pour mon ratage à moi? C'est comme les crises de l'abbé Jambé. Un accès de toux violente et rauque, les yeux fixes, la main tremblante sur la poitrine, puis le comprimé, et le corps s'apaise, le discours retrouve son flux. Ici aussi, dans ces lieux banals, je découvre une nouvelle fois le calme de ma pensée après la chute. La première bière-cognac, la chaleur qui s'insinue dans le corps, la seconde chope, puis le cognac seul, sans aucune hâte, la rumination de Vénus, du désir, la fascination du sacrifice. Des forages brefs, des percées dans le passé, le souvenir de ces derniers jours, les haltes dans quelques églises, le fleuve, les sonneries de cloches, les tombes et la neige d'Etienne, la neige encore au matin, Anne-Marie et notre fils, mes lassitudes, mes dégoûts, ma méfiance de moi-même, mes remontées vers l'air vivant. Mais *sub specie aeternitatis*, de part en part, puisque je suis voué à la contemplation de Dieu et de son œuvre incompréhensible. *Credo quia absurdum*, oui, je crois parce qu'il est absurde de croire, c'est la seule certitude que je trouve en moi à cette heure de la journée, et paradoxalement elle me rend fort et allègre.

J'étais ressorti léger et clair. J'avais déambulé dans le Bourg, j'avais bu un cognac au Gothard, traversé et retraversé la place en écoutant sonner les cloches de la basilique. Quelques minutes plus tard je m'étais amusé à passer devant le Café de Grand-Fontaine et à observer le va-et-vient des filles sur l'étroit trottoir. Puis j'étais entré dans l'établissement, j'avais repris place à *ma* table avec plaisir, demandé un cognac à Carmen qui était justement de service à ce moment, je lui avais offert un whisky, puis un second, et je l'avais accompagnée un quart d'heure après à son studio. Voilà pour Vénus-Aphrodite. Ni plus ni moins. Et je n'avais éprouvé aucun scrupule à l'égard d'Anne-Marie en regagnant la rue de Lausanne. Je savais que dans quelques instants notre dîner serait calme et enjoué, et je n'imaginais même pas d'avouer à ma compagne une faute qui n'en était pas une à mes yeux. Je m'étais confié à Marie Madeleine, tout simplement, et la tranquillité de mon humeur, esprit et cœur, m'assurait pleinement de mon innocence. L'insistance avec laquelle je me répétais ces choses aurait dû m'avertir que le remords n'allait pas tarder à entailler mes cicatrices. Et c'est exactement ce qui s'était produit comme j'atteignais l'immeuble où habitait Anne-Marie. Une attaque violente qui me laissa sans défense. Je m'étais arrêté, j'écoutais le rire du Serpent résonner au fond de mes os, mes veines brûlaient, les larmes me montaient aux yeux. Je me sentais sale, j'avais honte, le plaisir du diable me blessait et m'enrageait. Je venais de faire son jeu, moi, Jonas, et je me voyais appauvri dans la mesure où j'avais vécu très proche de Dieu ces derniers jours, au cours desquels il m'avait semblé que mon âme était en train de s'affermir, et que je n'avais plus longtemps à subir pour atteindre la fin du désert.

J'avais tapoté à la porte qui s'ouvrait, Anne-Marie était sur le seuil, elle souriait.

– Jonas! Toute cette journée sans toi...

Elle cherchait ma bouche, elle me serrait dans ses bras, me pressant contre elle. Comme autrefois. Comme cette dernière nuit. Comme la nuit qui allait venir. Soudain je me sentis absous. J'avais pris la décision de vivre avec Anne-Marie. De quitter L., de recommencer à écrire. C'était elle qui le suggérait, qui le souhaitait, qui le voulait de toute sa présence. Elle avait raison, je le savais, elle était du parti de Dieu, elle était plénitude, bonté et beauté, force libre de sortir dans la lumière, comme disait le chant ancien. Encore une fois le rite triomphait, je me soumettais, je m'ouvrais, je disais : « Viens », elle était là, à nouveau elle me tenait embrassé, elle se couchait sur moi... Ce soir nous avions éteint la lampe sans dîner. Et quand nous nous étions relevés de son lit, un peu avant minuit, pour nous faire une tasse de café, j'avais insisté pour que nous prenions place un instant dans la pièce blanche, au centre de l'appartement. Et buvant le liquide âcre et brûlant, tandis que je sentais auprès de moi, dans le petit fauteuil tendu de velours bleu, la présence heureuse et patiente d'Anne-Marie, je me rappelle que je n'avais pas détaché mes yeux des yeux d'Etienne. Comme si ce regard, même voilé, même *perdu*, allait m'enseigner, allait me porter, dans le temps qui me restait à vivre sur cette terre et dans ma mort.

Anne-Marie avait ouvert la fenêtre sur le froid. A minuit les cloches des églises avaient sonné sur la ville, et les falaises de la rive d'en face avaient renvoyé leur écho quelques secondes au-dessus des eaux invisibles et bruyantes du fleuve.

Le regard d'Etienne en moi... Anne-Marie avait suivi mon émotion, elle avait quitté son siège, posé sa main affectueuse sur mon front. Puis elle m'avait laissé, et je l'avais entendue qui regagnait son lit dans la pièce voisine. Je l'avais rejointe, je m'étais couché contre elle. L'ombre était tiède, profonde et calme. Une eau sans fin. Anne-Marie dormait déjà, et longtemps j'avais écouté son souffle dans cet espace qui grandissait sans cesse, me sentant racheté dans la transparence de cette femme et dans la pure lumière du sommeil d'Etienne au-devant de nos songes.

Samedi 29 novembre, 10 heures. Soleil. Ciel d'un bleu très léger, les petits arbres de la rue des Alpes étincellent, ceux de la place Notre-Dame ont la couleur du miel. Les dernières feuilles aux branches noires sont curieusement opaques et transparentes. Ces arbres brillent eux aussi, les cloches de la basilique sonnent, des pigeons que nous ne voyons pas roucoulent sous l'auvent des toits, d'autres pigeons se posent devant nos pas, se poursuivent, volettent, sautillent, se dispersent et se rejoignent, la lumière irise leur plumage gris et bleu. Il y a le marché sur la place, tout contre la basilique – de la charcuterie, des pièces de bœuf, des gigots sanguinolents sur leurs tréteaux, et des œufs par pleines corbeilles, des fromages, des oignons, des buissons de fleurs rousses, rouges, jaunes, solaires, des caisses à claire-voie pleines de légumes et de fruits qui luisent. Et de la volaille vivante dans des cageots, un petit cochon très propre aux soies d'argent attaché par une patte au tronc d'un arbre, la jolie bête a du champ, elle ne tire même pas sur la cordelette, elle se promène tranquillement autour du tronc de son platane. Au bas de la rue de la Rose, devant le porche de Notre-Dame, il y a la brocante et ses planches couvertes d'objets de la campagne, d'outils bien nettoyés de la rouille, de pots de cuivre et d'étain, de brocs de toilette, de savonnières peintes de petites violettes très violettes, d'images saintes, de photographies de cérémonies familiales dans de vieux cadres de noisetier et de bambou, de cartes postales d'un autre âge, de signets pieux, de lots de cierges couleur de vieilles dents, de ceinturons militaires, de cristaux alpestres, de vases en fausse nacre, de cendriers à devises, d'alpenstocks et de lourde vaisselle. Des gens se plantent devant ces merveilles, touchent, commentent, achètent peu. Nous gagnons la ruelle des Cordeliers, nous nous arrêtons devant l'église du couvent, je dis à Anne-Marie que j'y venais très souvent, il y a trente ans, et que j'y suis entré, un peu apeuré, il y a quelques jours.

– Pourquoi apeuré, demande Anne-Marie. Mais de quoi donc avais-tu peur?

– De qui, plutôt, devrais-tu dire. Non, je n'avais pas vraiment peur. Une espèce de malaise plutôt. Le doute. Le sentiment d'être incapable de quoi que ce soit.

Nous nous taisons. Les jardins sont beaux, les façades des anciennes demeures piègent le soleil, des enfants jouent au gendarme et au voleur, des chats se montrent sur les murs bas des enclos. Nous montons à la place du Marché aux Poissons où l'on ne vend plus de poisson depuis longtemps, il fait plus chaud, nous redescendons à la basilique.

Comme nous arrivons, Anne-Marie :

– Tu as téléphoné au Duc Bertold?

– Oui, je l'ai fait hier. J'ai dit que je gardais ma chambre, que je passais trois jours à Berne pour mes affaires. J'ai demandé qu'on me facture ces trois jours d'absence. J'ai insisté, pour conserver la chambre! Et je retéléphonerai tout à l'heure.

– Tu sais que j'y tiens, dit Anne-Marie. J'aimerais tellement que nous y passions encore une nuit avant que tu t'installes rue de Lausanne.

Ensuite elle achète des chrysanthèmes couleur de feu, des roses orange et des pommes qui me font penser à mon enfance. Ensuite je fouille dans les cartons de cartes postales. Ensuite j'ai soif, nous traversons la place et nous nous asseyons au Gothard. La porte demeure ouverte sur le trottoir comme en été. On entend des bruits de moteurs et des appels, mais comme feutrés, étouffés par cet air chaud qui vibre déjà dans la vitrine. Ici, dans la salle, Europe 1 ronronne dans le transistor du comptoir, des gens entrent, commandent de la bière, les femmes boivent du thé, la serveuse court d'une table à l'autre. Un prêtre élégant, la petite croix d'argent à la boutonnière de son costume gris bien ajusté, sirote un apéritif rouge. A la table voisine de la nôtre un ringard avantageux (mais c'est déjà un pléonasme) dévisage Anne-Marie en tirant sur un cigarillo. Nous rions. La vie est simple et bonne.

– C'est parce que je suis avec toi que tu n'as pas pris de cognac? Mon pauvre Jonas. Mademoiselle, un double cognac, s'il vous plaît. Allons. Le meilleur. Une fine Napoléon...

C'est vrai que j'avais envie de cognac. Cet air doux, le miel des arbres, le sable gris et vert de la molasse. Maintenant on m'apporte mon verre, je hume, je trempe un morceau de sucre dans l'alcool, je le donne à Anne-Marie, voilà, ce sont des mots banals, des gestes banals, un café banal et très aimé, des cloches et des carillons banals de quart d'heure en quart d'heure. Des oiseaux qui reflètent le soleil, le miroir en face de nous s'éclaire à leur passage, s'éteint, le bouquet de chrysanthèmes est posé sur la table à côté des roses orange, il brûle, il s'allume comme les ailes du papillon Vulcain en plein soleil.

11 h 30. Un mariage sort sur le parvis de la basilique. Le couple ahuri, les témoins qui se dandinent comme des canards, la famille qui se regroupe pour la photographie. Ici le prêtre, comme nous, suit la scène avec curiosité. Il s'est même soulevé de son siège, pour mieux voir, à l'apparition des mariés.

On ressort, on grimpe dans la ruelle Saint-Canisius, on gagne le Collège Saint-Michel, on admire le jardin des abbés professeurs qui poudroie dans la lumière jaune. Voilà l'église, on entre un instant dans la nef, le rouge et l'or nous fusillent en plein regard, l'incendie tournoyant des couleurs et des formes nous brûle les yeux et la mémoire. Et les anges, la Vierge et l'Enfant, Adam et Eve, le duel de saint Michel et de Lucifer dans une niche à coquillages étincelants, les colonnes à torsades, les grilles en dentelle de métal ouvragé, le balcon des orgues tonnantes.

J'avais rarement senti, comme ce matin, ce qui m'attachait à cette ville, à ses usages, à ses images. Ce qui la rendait si profondément, si subtilement *différente*, et toute la singularité flâneuse, humoristique, joueuse, mystique, toute l'humeur baroque où dominait son génie. Les larmes de l'extase et le sang. L'aile de l'ange et le cadavre. Le corps transparent de ses jeunes filles, les yeux de ses femmes et le sifflement du diable rampant. Les cloches, les messes, les milliers d'hommes et de femmes agenouillés aux offices, les cloîtres pleins de prières et les trottoirs couverts de filles, les rues à parfums louches, les cloaques à remords. L'encens et le sperme. Le regard de gentiane du cardinal et la Sainte Cène au sang de cheval.

– Dis-moi, Jonas. Et si nous retournions ce soir même à l'hôtel? Une dernière fois, avant que nous vivions ensemble. J'y tiens très fort, tu sais.

Elle rêvait et elle organisait.

– Une dernière fois, chambre 27. Ensuite tu auras tout le temps de remettre ton appartement et de déménager. Je t'aiderai, si tu veux. Ce sera rapide, tu verras.

J'avais souri comme malgré moi. Car pour dire vrai, ce serait plus rapide encore qu'Anne-Marie ne l'imaginait. Un lit, une table, deux ou trois sièges et la cuisine à faire enlever par une équipe d'Emmaüs : le déménagement express. Quelques frusques, quelques paires de chaussures élimées dans les armoires, à jeter. Quelques cassettes, à jeter. Et je l'ai dit : les livres, les manuscrits, les tableaux, liquidés. Non, rien à sauver chez moi. Un coup de téléphone à la gérance, un ou deux papiers à signer, un autre coup de téléphone à une entreprise de nettoyage : le champ libre. Je pensais même à ces choses avec d'autant plus d'agrément que je souhaitais les expédier depuis plusieurs années. Ma paresse seule m'avait empêché de faire place nette. Pour le reste, les vêtements, les souliers, les effets de toilette, les dictionnaires, les livres, je les rachèterais à Fribourg : tout un arsenal prêt à la bataille. Et je me répétais ces dispositions avec plaisir.

Nous étions rentrés rue de Lausanne et j'avais invité Anne-Marie à dîner le soir même au restaurant français pour célébrer notre semaine sans fin.

Samedi 22-samedi 29 novembre. Sainte-Cécile, lever du soleil à sept heures quarante, on s'en souvient peut-être, et saint-Saturnin, le soleil neuf minutes plus tard. Et j'avais promis que nous dormirions au Duc Bertold. *Habemus hiemem.* Vive l'hiver.

Dimanche 30 novembre. Réveil à trois heures du matin. Ce sera bientôt l'aube de ce dimanche, mais cette aube je ne la vois pas encore, même pas son lait brumeux dans la fenêtre. La chambre est plongée dans le noir opaque. Je pourrais me croire mort s'il n'y avait pas le souffle d'Anne-Marie à côté de moi, un soupir, un gémissement presque étouffé quand elle remue. Je repasse les événements d'hier soir, rien que des choses banales en apparence, mais la plus profonde affection, la tendresse la plus juste régnaient dans le regard et dans les gestes d'Anne-Marie, et je n'ai pas cessé de m'enchanter de sa sagesse et de sa beauté. Comme le poète du *Cantique* et comme le Psalmiste, celui-ci mêlant à son poème l'avertissement, l'abrupt, le pouvoir du doute, la laideur du mensonge à Dieu – et du mensonge que je me fais à moi-même –, la certitude et la louange de cette force. Une femme dort, je la vois encore mieux dans cette tombe noire que si je la détaillais au grand jour. Je suis porté dans l'ombre apparemment immobile, la caverne pourtant bouge, je le sais, elle se déplace, elle flotte, elle vibre de la vie profonde où j'essaie de déchiffrer ma part depuis l'origine de la parabole.

Anne-Marie. Je la vois bien plus nettement qu'hier soir, plus clairement aussi que lorsque nous avons regagné l'hôtel vers minuit. Voilà la scène : nous marchons dans les rues d'une ville hantée où la brume nous soûle, d'où cette impression que nous flottons comme flotte la chambre en ce moment, que nous titubons sans inquiétude dans la faille. Nous arrivons. Tout de suite Anne-Marie nue et s'étendant sur le lit. Je la regarde, longtemps, dans la lumière de la lampe de chevet, puis j'éteins pour la voir mieux. Dans les pièges heureux de l'ombre, les remous, les ondes opaques où nous nous laissons engloutir. Deux heures passent. Bref sommeil.

Maintenant je suis éveillé et déjà je me partage. L'exercice du salut : quel chemin vers la sainteté! Il me semble soudain que je ne sais plus qui je suis. Rejeté, Jonas. Vomi, comme dit la traduction élémentaire. Oui, rejeté, vomi au théâtre désolé. Il doit être à peu près trois heures du matin, ce 30 novembre, le premier dimanche de l'Avent. Je garde les yeux ouverts dans la nuit noire que ne tache pas encore le lait triste de l'aube. Que trouent parfois, dans le rideau de la fenêtre, les phares d'une automobile s'engageant sur le pont. Je vais te parler, Anne-Marie, à cet instant j'en ressens la nécessité. Et le courage. Et la vigueur. Te parler en silence puisque tu dors à mon côté. Voilà.

Ce qui m'a empêché de le faire avant? Je n'étais pas prêt. Mais je l'avoue comme on se suicide : je ne t'aime pas, Anne-Marie, et je ne t'ai jamais aimée. J'ai cru éprouver de l'amour pour toi, et du respect, et de la tendresse, je me mentais, je *devais*, comprends-moi, me mentir, pour me cacher une partie profonde de moi-même que je ne voulais pas affronter. Je ne t'ai pas aimée et je ne t'aime pas, parce que je ne peux pas aimer. Je suis vide, épuisé de ma substance, de mes élans, de tout amour. Je suis désertique, Anne-Marie. Je t'ai dit mon amour, c'était une grimace de bouffon. Je t'ai dit mes zones secrètes, la magie des concepts et des intuitions, les spéculations des philosophes et la sagesse inspirée des astrologues. Calvin avait raison, Anne-Marie, et je déteste qu'il ait raison depuis quatre siècles, je déteste qu'il se moque des mages, des prédictions, des espaces imaginaires où l'esprit se repaît de leurres. J'ai fui, oui, je me suis réfugié dans la doctrine et dans la gnose, j'ai flatté ma propension au mal en cultivant les sciences parallèles et les doctrines illuminées, j'insiste, au fond desquelles ricane le diable. La gnose où le Serpent triomphe. Je suis un ennemi de Dieu, Anne-Marie, c'est pourquoi je ne puis t'aimer : toi, tu es Sa créature!

Ah, je viens de te mentir, Anne-Marie, j'ai travesti ma personne et ma pensée, je t'ai menti en feignant mes fuites, en te disant ma méfiance et mon refus des initiés. Je déteste le discours de Calvin contre les astrologues et leur science. Je vis proche de la gnose qui souvent m'éclaire et me porte. L'ésotérisme me fascine. Je ne me connais aucun penchant au mal, je hais le blasphème et la négation de Dieu. Et je t'aime, Anne-Marie. Je t'ai toujours aimée, je t'ai associée à la Vierge des édifices consacrés et des images saintes, je t'ai évoquée dans mes prières muettes, je t'ai appelée, je t'ai rejointe, j'ai cru en toi. Oui je t'aime Anne-Marie, et tu me rends à moi-même, qui me croyais privé de substance et de force. Par toi je suis jeune, en toi je suis racheté, ton cœur battra jusque dans ma mort. Je t'avais menti, insultée de ce nouveau mensonge. Maintenant crois-moi, puisque je dis vrai. Puisque je n'aurai pas assez de secondes, d'heures, d'années sur cette terre pour te prouver ma dévotion et ma ferveur.

Et si je mentais quand même? Si je te mentais en me mentant, si je masquais la vérité et l'évidence, si je déguisais d'oripeaux trompeurs la rectitude et la passion? *Credo quia absurdum?* Je mens parce que c'est absurde. Je dis la vérité parce que c'est absurde. Comme croyait le sage paradoxal : parce qu'il est absurde de croire.

Je t'aime, Anne-Marie. Je suis ce Poisson qui va de la vérité à l'erreur sans se décider, qui s'accuse du pire quand il veut le meilleur, qui se propose aux clous ou à la corde quand la vie rayonne de toutes ses splendeurs à son regard. Et de quoi me punir, Anne-Marie? De n'être pas Dieu, d'être mortel, de n'être pas toi? La révolte et l'amour de Dieu se disputent mon esprit, l'amour de toi inonde mon être entier et lui rend la vie. Je t'aime, Anne-Marie. Notre fils est vivant, notre fils qui illumine nos ténèbres de son feu clair. Mais je suis indigne de cet appel, de ce conseil de sagesse et de foi. Je suis le Menteur, le Trompeur, le Suborneur, Anne-Marie. Et je le sais de toute éternité. Malgré mon amour de Dieu, malgré le Fils, malgré notre fils, Anne-Marie, la grâce est morte et j'ai l'âme desséchée. Et je le sais aussi de *source* sûre : il n'y aura pas de Résurrection.

Table

Le Livre de Poche Biblio

Extrait du catalogue

Sherwood ANDERSON
Pauvre Blanc

Guillaume APOLLINAIRE
L'Hérésiarque et Cie

Miguel Angel ASTURIAS
Le Pape vert

James BALDWIN
Harlem Quartet

Adolfo BIOY CASARES
Journal de la guerre au cochon

Karen BLIXEN
Sept contes gothiques

Mikhail BOULGAKOV
La Garde Blanche
Le Maître et Marguerite

André BRETON
Anthologie de l'humour noir

Erskine CALDWELL
Les Braves Gens du Tennessee

Italo CALVINO
Le Vicomte pourfendu

Elias CANETTI
Histoire d'une jeunesse - *La langue sauvée*
Histoire d'une vie - *Le flambeau dans l'oreille*
Les Voix de Marrakech
Le Témoin auriculaire

Blaise CENDRARS
Rhum

Jacques CHARDONNE
Les Destinées sentimentales
L'Amour c'est beaucoup plus que l'amour

Joseph CONRAD et Ford MADOX FORD
L'Aventure

René CREVEL
La Mort difficile

Alfred DÖBLIN
Le Tigre bleu

Iouri DOMBROVSKI
La Faculté de l'inutile

Lawrence DURRELL
Cefalù

Friedrich DURRENMATT
La Panne
La Visite de la vieille dame

Jean GIONO
Mort d'un personnage
Le Serpent d'étoiles

Jean GUÉHENNO
Carnets du vieil écrivain

Lars GUSTAFSSON
La Mort d'un apiculteur

Henry JAMES
Roderick Hudson
La Coupe d'Or
Le Tour d'écrou

Ernst JÜNGER
Jardins et routes *(Journal I, 1939-1940)*
Premier journal parisien *(Journal II, 1941-1943)*
Second journal parisien *(Journal III, 1943-1945)*
La Cabane dans la vigne *(Journal IV, 1945-1948)*
Héliopolis
Abeilles de verre
Orages d'acier

Ismaïl KADARÉ
Avril brisé
Qui a ramené Doruntine ?

Franz KAFKA
Journal

Yasunari KAWABATA
Les Belles Endormies
Pays de neige
La Danseuse d'Izu
Le Lac
Kyôto
Le Grondement de la montagne
Tristesse et Beauté
Le Maître ou le tournoi de go

Andrzeij KUSNIEWICZ
L'État d'apesanteur

Pär LAGERKVIST
Barabbas

D.H. LAWRENCE
L'Amazone fugitive
Le Serpent à plumes

Sinclair LEWIS
Babbitt

Carson McCULLERS
Le Cœur est un chasseur solitaire
Reflets dans un œil d'or
La Ballade du café triste
L'Horloge sans aiguilles

Thomas MANN
Le Docteur Faustus

Henry MILLER
Un diable au paradis
Le Colosse de Maroussi
Max et les phagocytes

Vladimir NABOKOV
Ada ou l'ardeur

Anaïs NIN
Journal 1 - *1931-1934*
Journal 2 - *1934-1939*
Journal 3 - *1939-1944*

Joyce Carol OATES
Le Pays des merveilles

Edna O'BRIEN
Un cœur fanatique
Une rose dans le cœur

Liam O'FLAHERTY
Famine

Mervyn PEAKE
Titus d'Enfer

Augusto ROA BASTOS
Moi, le Suprême

Joseph ROTH
Le Poids de la grâce

Raymond ROUSSEL
Impressions d'Afrique

Arthur SCHNITZLER
Vienne au crépuscule
Une jeunesse viennoise

Isaac Bashevis SINGER
Shosha
Le Blasphémateur
Le Manoir
Le Domaine

Robert Penn WARREN
Les Fous du roi

Virginia WOOLF
Orlando
Les Vagues
Mrs. Dalloway
La Promenade au phare
La Chambre de Jacob
Années
Entre les actes
Flush
Instants de vie

IMPRIMÉ EN FRANCE PAR BRODARD ET TAUPIN
Usine de La Flèche (Sarthe).
LIBRAIRIE GÉNÉRALE FRANÇAISE - 6, rue Pierre-Sarrazin - 75006 Paris.
ISBN : 2-253-05150-0
30/6693/3